Índice

Table of Contents

Al abrir este libro,
recuerdo lo mucho que Dios me ama
y cómo me llama a unirme a él
y a toda su creación.

Gracias, Dios mío,
por darme el sacramento de la Eucaristía,
como señal de tu amor y presencia
en mi vida.

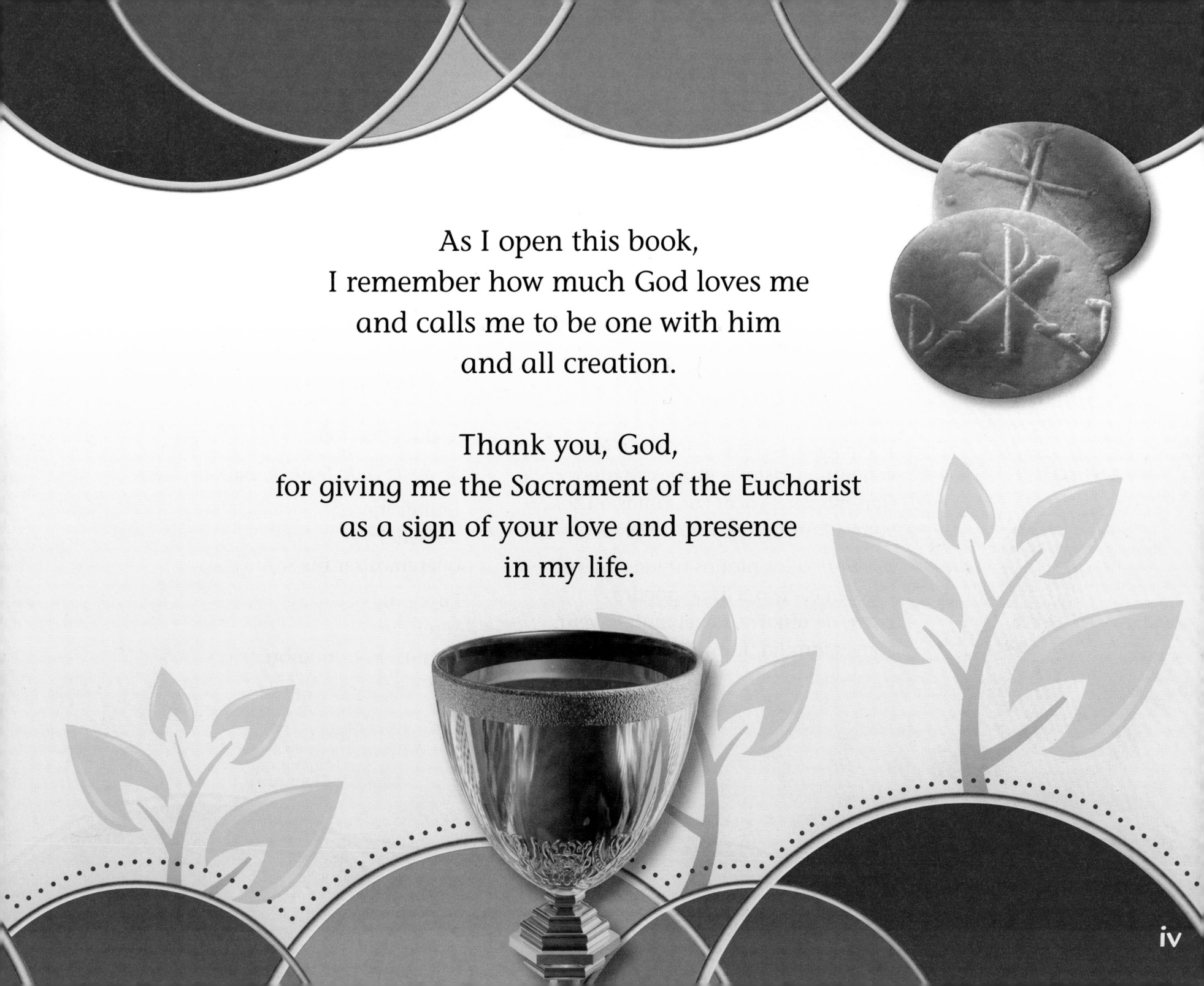

As I open this book,
I remember how much God loves me
and calls me to be one with him
and all creation.

Thank you, God,
for giving me the Sacrament of the Eucharist
as a sign of your love and presence
in my life.

Somos familia

Estribillo:
Somos familia, familia de Dios.
Somos hermanos, hermanas en fe.
Juntos forjamos el porvenir.
Compartiremos con Dios su amor.

Estrofas:
1. Niños, ancianos, y jóvenes, ya
vengan a Cristo; sentimos su amor.
Con nuestras voces cantamos a Dios.
Somos familia, familia de Dios.

2. Cuando las manos unidas estén,
Dios en el cielo feliz se pondrá.
Lazos de amor y paz el mundo verá.
Somos familia, familia de Dios.

Tu palabra es una lámpara

Tu palabra, Señor, es una lámpara;
una lampára para mis pies.
Tu palabra, Señor, tu palabra, Señor,
es una lámpara para mis pies.

Vamos ya

Se repite cada frase después del líder

Bendícenos,
oh Señor:
queremos ser tus santos.

Discípulos
seremos;
iremos en tu nombre.

Children of the Lord

We are children of the Lord.
We are children of the Lord.
We are sisters, we are brothers,
We are family in the Lord.

Sound the trumpet! Ring the bell!
Let us sing our song of joy!
God will love us and protect us.
We are children of the Lord!

We are holy in the Lord.
We are holy in the Lord.
We are thoughtful, we are prayerful,
We are faithful to the Lord.

Sound the trumpet! Ring the bell!
Let us sing our song of joy!
God will grace us. God will save us.
We are children of the Lord!

Your Word Is a Lamp

Your word, O Lord, is a lamp;
Your word is a lamp for my feet.
Your word, O Lord, your word, O Lord,
Your word is a lamp for my feet.

We Go Forth

*Repeat each line after
the leader:*

Bless us, Lord
As we go,
Help us to be holy.

Send us out
In your name
To be your disciples.

Pertenencia

La alegría de pertenecer

Pertenecer a una comunidad es algo bueno. Nos hace sentirnos seguros. Nos hace sentirnos parte de algo más grande que nosotros mismos.

- Pertenezco a una familia. Somos _____ personas en mi familia.

- Pertenezco a una parroquia. El nombre de nuestra parroquia es _____.

- Pertenezco a una comunidad. Mi barrio es _____.

Dios amoroso, ayúdame a recordar que te pertenezco.

Chapter 1

Belonging

The Joy of Belonging

Belonging is good. It makes us feel safe. It makes us feel like a part of something bigger.

- I belong to a family. There are _____ people in my family.

- I belong to a parish. The name of our parish is _____.

- I belong in my neighborhood. I live on _____.

Loving God, help me to remember that I belong to you.

La venida del Espíritu Santo

Un día, los discípulos de Jesús y su mamá, la Virgen María, estaban orando juntos. De repente, un viento muy fuerte sopló en la habitación donde estaban reunidos. Llamas como de fuego aparecieron sobre sus cabezas. Sin embargo, quienes estaban en esa habitación no se asustaron. El Espíritu Santo había venido, tal y como Jesús lo había prometido. Llenos del Espíritu Santo, los discípulos salieron a contarle a todo el mundo acerca de Jesús.

The Coming of the Holy Spirit

One day, Jesus' disciples and his mother, Mary, were praying together. All of a sudden, a mighty wind blew into the room with a roar. Flames like fire appeared over each person's head. Yet those in the room were not afraid. The Holy Spirit had come, just as Jesus had promised. Filled with the Holy Spirit, the disciples went out to tell the world about Jesus.

Mucha gente escuchó el rugido del viento y se aglomeró afuera de la habitación. El apóstol Pedro se dirigió a ellos. Les dijo que Jesús había muerto en la cruz, que había resucitado y ascendido al cielo. Les dijo que Jesús enviaba al Espíritu Santo desde el cielo. Les dijo que Jesús había venido para salvarlos.

adaptado de los Hechos de los Apóstoles 2:1–4,32–41

Many people heard the roar of the wind and gathered outside. The apostle Peter spoke to the crowd. He told them that Jesus died on the cross, rose from the dead, and ascended to heaven. He told them that from heaven, Jesus sent the Holy Spirit. He told the people that Jesus had come to save them.

adapted from Acts of the Apostles

2:1–4,32–41

Perteneciendo a la Iglesia

Muchas de las personas que escucharon lo que Pedro predicaba se preguntaban: "¿Qué debemos hacer para ser salvados?" Pedro les contestó que debían bautizarse y arrepentirse de sus pecados. El libro de los Hechos de los Apóstoles nos dice que ese día se bautizaron ¡3,000 personas!

Al igual que la gente de la Iglesia en tiempos de los apóstoles, nosotros también estamos bautizados. Mediante nuestro **Bautismo** nos unimos a Jesús y nos convertimos en miembros de la Iglesia católica. Recibimos una marca espiritual permanente de la gracia de Dios. El Bautismo nunca puede repetirse. Creemos en la Santísima **Trinidad:** Dios Padre, Dios Hijo y Dios Espíritu Santo. Creemos que Jesús, el Hijo de Dios, se hizo hombre para salvarnos. Cada vez que trazamos sobre nosotros la señal de la cruz, recordamos nuestra fe en la Santísima Trinidad.

Mediante el Bautismo nos unimos a Jesús.

Belonging to the Church

Many of the people who heard Peter preaching asked, "What do we have to do to be saved?" Peter told them to be sorry for their sins and to be baptized. The Acts of the Apostles tells us that about 3,000 people were baptized that day!

Like the people in the early Church, we are also baptized. At our **Baptism,** we are joined to Jesus and become members of the Catholic Church. We receive a permanent spiritual sign of God's grace. Baptism can never be repeated. We believe in the **Trinity:** God the Father, God the Son, and God the Holy Spirit. We believe that Jesus, the Son of God, became man to save us. Each time we make the Sign of the Cross, we remember our belief in the Trinity.

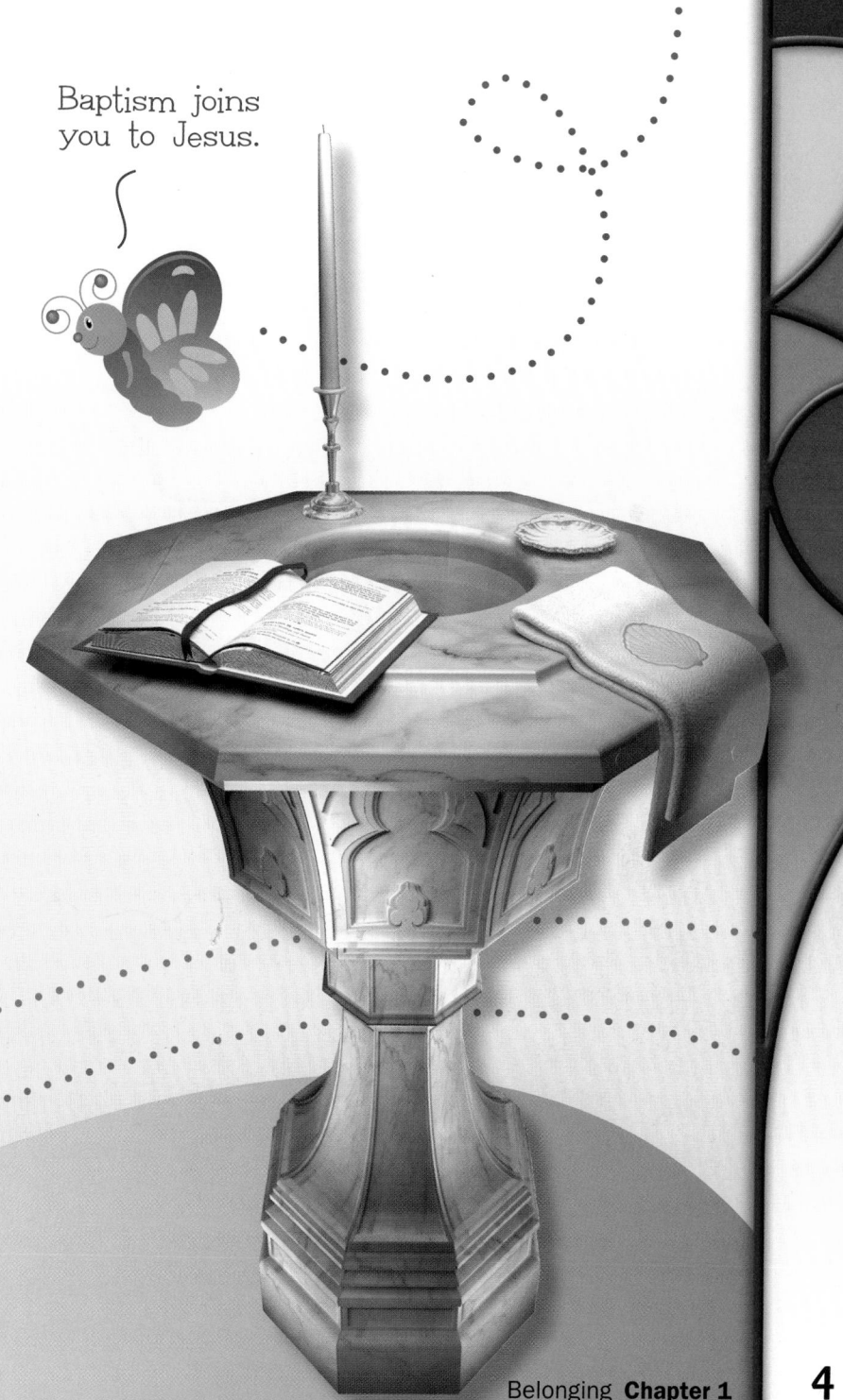

Baptism joins you to Jesus.

Escucho la Palabra de Dios

Jesús dijo a sus discípulos: "Bauticen a los demás en el nombre del Padre, y del Hijo, y del Espíritu Santo".

adaptado de Mateo 28:19

Mi Bautismo

Piensa acerca de tu propio Bautismo. ¿Qué fotos has visto? ¿Qué historias has escuchado? Haz un dibujo de tu bautizo dentro del marco de fotografías.

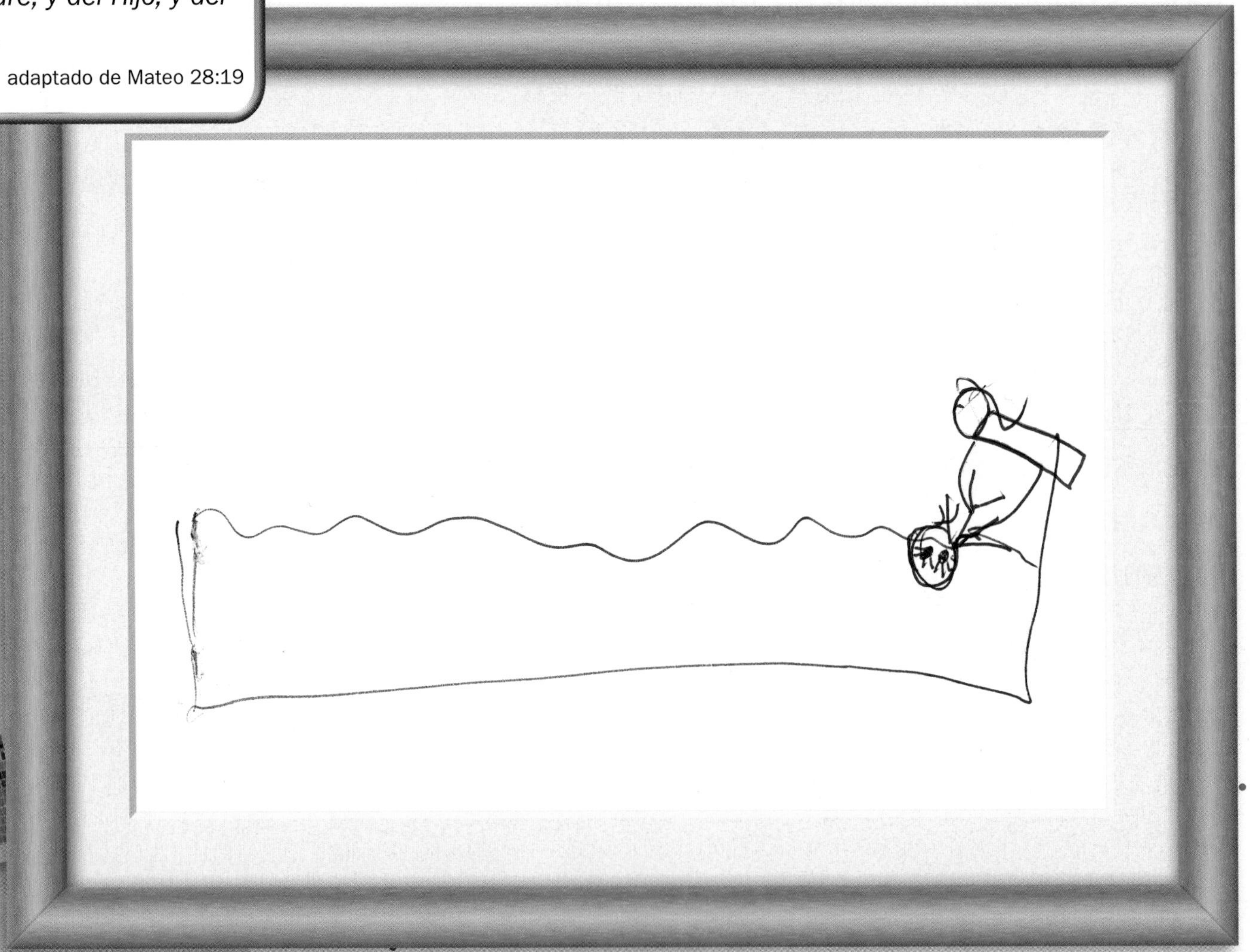

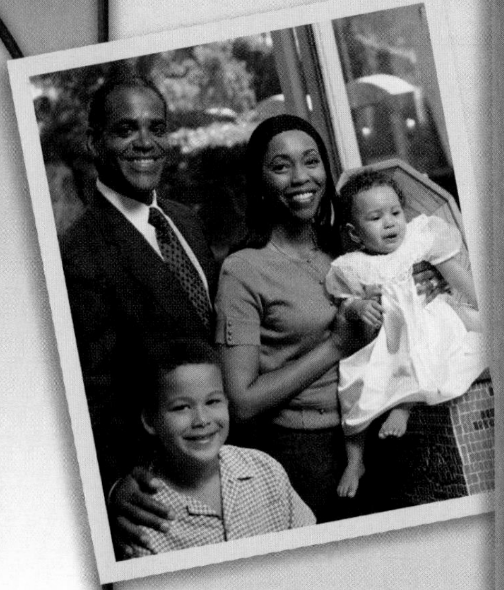

My Baptism

Think about your own Baptism. What pictures have you seen? What stories have you heard? Draw a picture of your Baptism inside the photo frame.

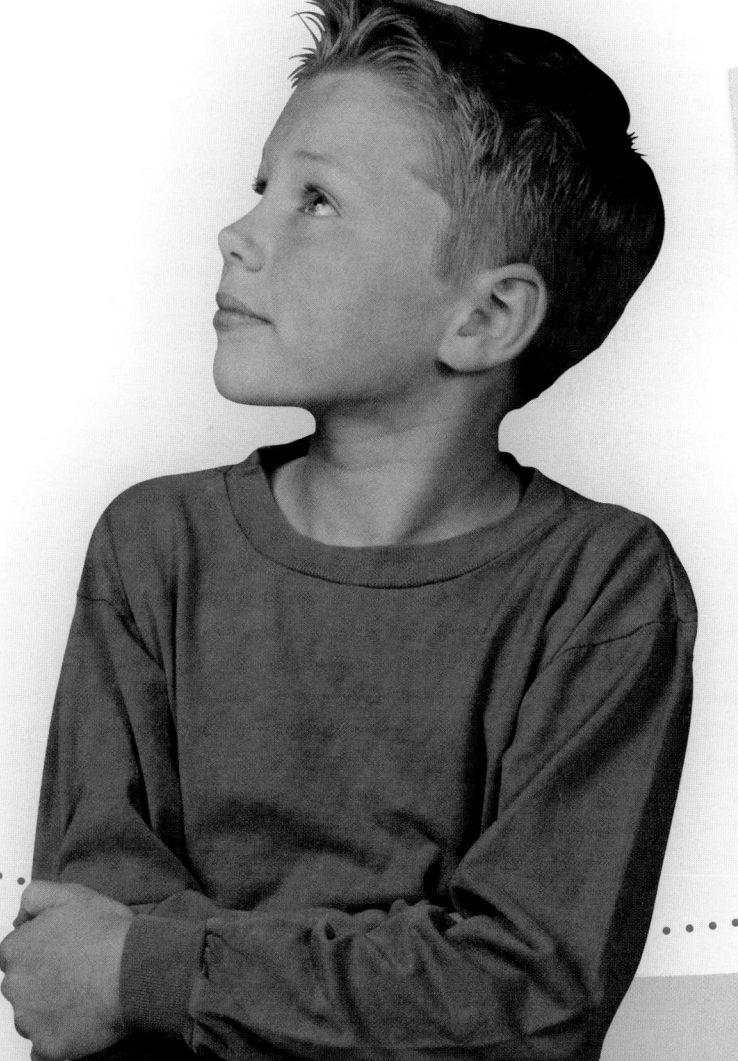

Perteneciendo a Jesús

Queremos ser santos. Queremos seguir a Jesús. Sabemos que no siempre es fácil ser seguidores de Jesús. Pero, al igual que los primeros discípulos, el Espíritu Santo nos fortalece. Celebramos esto mediante el sacramento de la **Confirmación.** La Confirmación deja una marca permanente en el alma. Somos fortalecidos con la gracia de Dios. Se nos confirma una sola vez en la vida.

Dado que pertenecemos a la Iglesia, Jesús nos invita a reunirnos para la **misa** y celebrar el sacramento de la **Eucaristía**. Esta es la celebración más importante de la Iglesia. Cuando estemos preparados, recibiremos la **Sagrada Comunión**.

Belonging to Jesus

We want to be holy. We want to follow Jesus. We know that it is not always easy to be Jesus' follower. But, just like the first disciples, we are made strong by the Holy Spirit. We celebrate this in the Sacrament of **Confirmation.** Confirmation makes a permanent mark on the soul. We are strengthened with God's grace. We are confirmed only once.

Because we belong to the Church, Jesus invites us to come together at **Mass** and celebrate the Sacrament of the **Eucharist.** This is the most important celebration in the Church. When we are ready, we will receive **Holy Communion.**

¿Qué soy yo?

Escribe el nombre de cada objeto en los cuadros que están junto al dibujo. Las letras en los cuadros grises te dirán qué te ayuda a estar cerca de Dios.

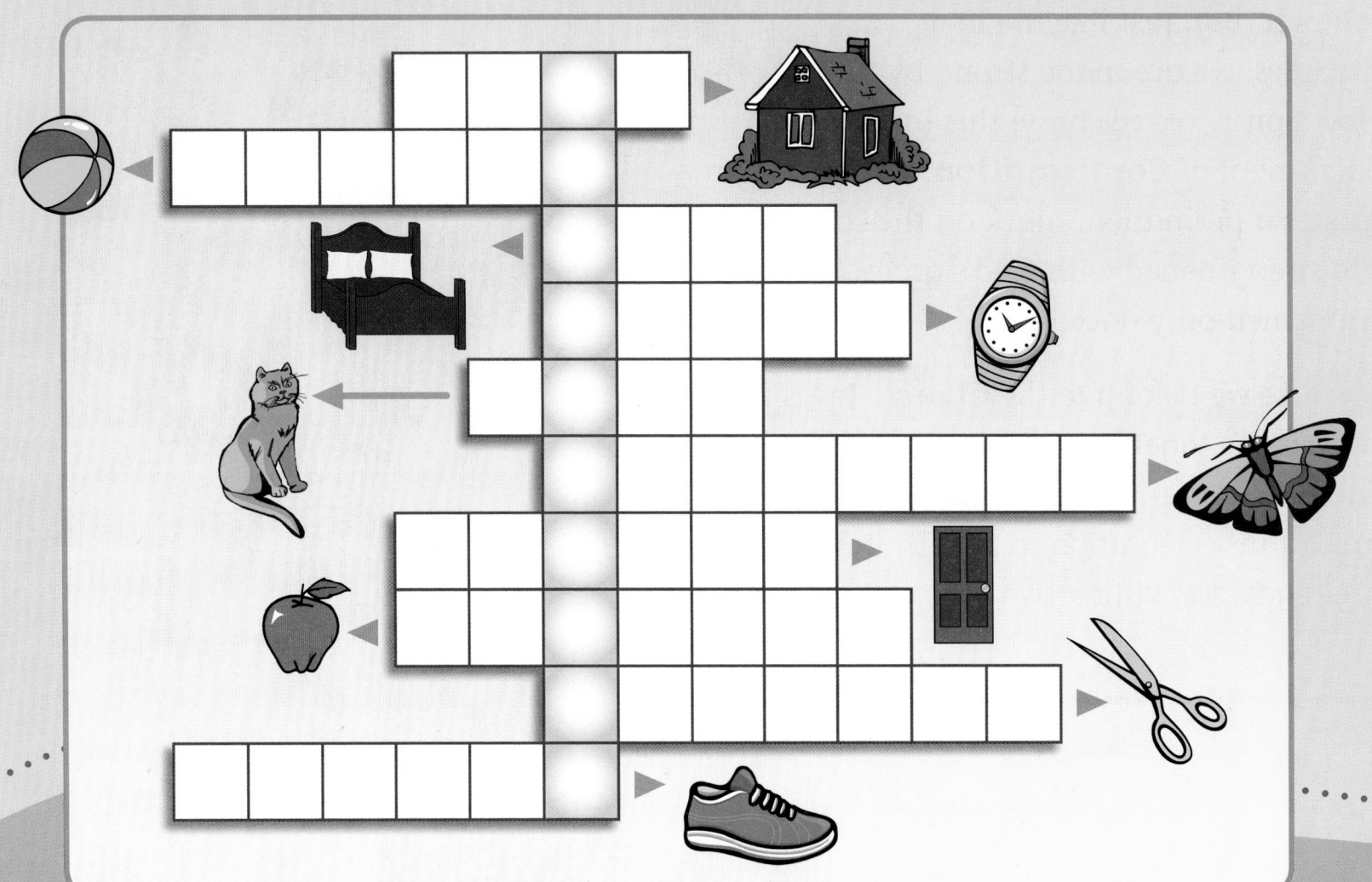

What Am I?

Write the name of the object in the boxes next to it. The letters in the shaded boxes will tell you what helps you stay close to God.

Bautizados en la comunidad

Todos hacen juntos las señal de la cruz.

Guía: El Señor ha hecho maravillas por nosotros. Nos llama por nuestro nombre. Pertenecemos a Dios.

Todos: El señor ha hecho maravillas por nosotros. Nos llama por nuestro nombre. Pertenecemos a Dios.

Guía: Oremos un salmo de acción de gracias y de alabanza a Dios. Demos gracias a Dios por habernos llamado a pertenecer a su Iglesia.

La comunidad de fe

Somos bautizados en el nombre de la Santísima Trinidad: Padre, Hijo y Espíritu Santo. Somos marcados con la señal de la cruz. Pertenecemos a Dios y su familia, la Iglesia. Juntos, con la comunidad parroquial y los católicos de todo el mundo, pertenecemos a una comunidad de fe.

The Community of Faith

We are baptized in the name of the Trinity—Father, Son, and Holy Spirit. We are marked with the Sign of the Cross. We belong to God and to his family, the Church. Together with our parish community and Catholics around the world, we are part of a community of faith.

Baptized into Community

All pray the Sign of the Cross together.

Prayer Leader: The Lord has done wonderful things for us. He calls us by name. We belong to him.

All: The Lord has done wonderful things for us. He calls us by name. We belong to him.

Prayer Leader: Let us pray a psalm of thanks and praise to God. Let us thank God for calling us to belong to his Church.

Cuando hago oración

Puedo alabar a Dios con palabras, gestos y cantos. A Dios le encanta escuchar mi voz.

Guía: Crucemos sus puertas con cantos de alabanza. Demos gracias a Dios y bendigamos su santo nombre.

Todos: Somos el pueblo de Dios; somos las ovejas de su rebaño.

Guía: ¡Demos gracias a Dios y bendigamos su santo nombre! Su amor es para siempre.

Todos: Somos el pueblo de Dios; somos las ovejas de su rebaño.

adaptado del Salmo 100

Guía: Todos somos hijos e hijas de Dios. Formamos una sola Iglesia extendida por toda la tierra. En alabanza y en gratitud proclamamos:

Todos: Gloria al Padre, y al Hijo y al Espíritu Santo. Como era en el principio, ahora y siempre, por los siglos de los siglos. Amén.

Prayer Leader: Enter his gates with songs of praise. Give thanks to God and bless his name.

All: We are God's people; the sheep of his flock.

Prayer Leader: Give thanks to God and bless his name! His love lasts forever.

All: We are God's people; the sheep of his flock.

adapted from Psalm 100

Prayer Leader: We are all God's children. We are one with the Church all over the world. In praise and thanksgiving, we pray:

All: Glory be to the Father, and to the Son, and to the Holy Spirit. As it was in the beginning, is now, and ever shall be, world without end. Amen.

When I Pray

I can praise God with words, gestures, and song. God loves to hear my voice.

Viviendo mi fe

Recuerdo lo que aprendo

- Los discípulos de Jesús recibieron el Espíritu Santo y bautizaron a muchas personas.
- Yo estoy bautizado. Soy parte de la Iglesia católica.
- Creo en la Santísima Trinidad: Dios Padre, Dios Hijo y Dios Espíritu Santo.
- Estoy invitado a celebrar el sacramento de la Eucaristía.

Vivo lo que aprendo

Me preparo para recibir el Cuerpo y la Sangre de Cristo:

- Viviendo como un seguidor de Jesús.
- Aprendiendo más acerca de mi fe.
- Invocando al Espíritu Santo.

¿Qué aprendiste?

Comparto con mi familia

¿De qué manera celebran los bautismos en tu familia? Pide a tus padres y parientes que compartan sus historias.

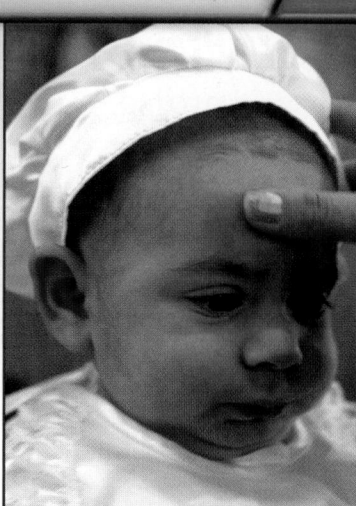

Conozco estas palabras

Bautismo	Sagrada Comunión
Confirmación	misa
Eucaristía	Trinidad

Oración final

Gracias, Señor, por llamarme a ser parte de tu Iglesia. Ayúdame a crecer en la fe.

Living My Faith

I Remember What I Learn

- The disciples of Jesus received the Holy Spirit and baptized people.
- I am baptized. I belong to the Catholic Church.
- I believe in the Trinity: God the Father, God the Son, and God the Holy Spirit.
- I am invited to celebrate the Sacrament of the Eucharist.

I Live What I Learn

I prepare to receive the Body and Blood of Christ by

- living as a follower of Jesus.
- learning more about my faith.
- praying to the Holy Spirit.

What did you learn?

I Share with My Family

How are baptisms celebrated in your family? Ask your parents and other relatives about their memories.

I Know These Words

Baptism	Holy Communion
Confirmation	Mass
Eucharist	Trinity

Closing Prayer

Thank you, God, for calling me to belong to your Church. Help me to grow in my faith.

Reuniéndonos

Eventos familiares

La pasamos muy bien cuando nos reunimos con los abuelitos, tíos, tías, primos y primas. Traza un círculo alrededor de las celebraciones en las que tu familia se reúne.

bautismos   días de fiesta   días de campo

cumpleaños   quinceañeras   vacaciones

bodas   películas en familia   comidas en familia

¿Cuándo más se reúne toda tu familia?

Dios amoroso, ayúdame a tener un corazón abierto a todas las personas.

Chapter 2

Gathering

Family Times

It's fun to get together with grandparents, aunts, uncles, and cousins. Circle the special times when your whole family gathers.

Baptisms   holidays   picnics

birthdays   reunions   vacations

weddings   movie nights   Sunday dinners

At what other times does your family come together?

Loving God, help me to have a welcoming heart.

11

Dando la bienvenida al Arca de la Alianza

En el Antiguo Testamento de la Biblia, aprendemos acerca del Arca de la Alianza. Esta era una caja grande de madera decorada con colores brillantes. Para que la gente pudiera cargarla, se usaban dos palos de madera que se colocaban a cada lado. En la tapa del Arca había dos pequeñas esculturas de ángeles. Dentro del Arca se guardaban las tablas de piedra donde estaban escritos los Diez Mandamientos.

El Arca de la Alianza era algo muy especial para el pueblo de Israel. Era una señal de la presencia y el amor de Dios. El Arca viajó muchas millas con el pueblo. El rey David la llevó a Jerusalén en una gran procesión.

Welcoming the Ark of the Covenant

In the Old Testament of the Bible, we learn about the Ark of the Covenant. It was a large, brightly decorated, wooden box. There were wooden poles on each side of the Ark so people could carry it. On the top were two small angel sculptures. Inside the Ark were the stone tablets with the Ten Commandments.

The Ark of the Covenant was very special to the people of Israel. It was a sign of God's presence and love. The Ark traveled many miles with the people. King David had it carried to Jerusalem in a grand procession.

La gente se reunió en las calles para ver pasar el Arca. El rey David estaba especialmente feliz. Estaba tan feliz que bailó y cantó frente al Arca durante la procesión. El pueblo también estaba feliz. Cantaban y tocaban música alegre. El Arca recordaba al pueblo lo mucho que Dios los amaba.

adaptado de 2 Samuel 6:11–15

People gathered on the streets so they could see the Ark passing by. King David was especially happy. He was so happy that he sang and danced in front of the Ark. The people were also happy. They sang and played joyful music. The Ark reminded the people how much God loved them.

adapted from 2 Samuel 6:11–15

Reuniéndose para la misa

El domingo es el día del Señor. Es un día especial para nosotros. El sábado por la tarde o el domingo nos preparamos para ir a misa. Vamos con nuestra familia a la iglesia parroquial. Nos reunimos con nuestros amigos y vecinos para celebrar la misa. Celebramos la presencia de Dios en nuestra vida.

Dios está presente en nosotros cuando nos reunimos. Está presente en el sacerdote. Está presente en las lecturas que escuchamos. Dios está presente de una manera especial en la Eucaristía que nos preparamos a recibir.

Pienso en esto

Uno de nuestros deberes como católicos es participar en la misa el día del Señor.

Gathering for Mass

Sunday is the Lord's Day. It is a special time for us. On Saturday evening or on Sunday, we prepare to go to Mass. We travel with our families to our parish church. We gather with our friends and neighbors to celebrate the Mass. We celebrate the presence of God in our lives.

God is present in us as we gather together. He is present in the priest. He is present in the readings we will hear. God is present especially in the Eucharist that we are preparing to receive.

I Think About This

One of our duties as Catholics is to participate in Mass on the Lord's Day.

Celebrando con mi familia

Me gusta volar a la iglesia.

Traza un círculo alrededor de la palabra adecuada. Completa las líneas en blanco. Al terminar, colorea tu casa y tu parroquia.

Caminamos/vamos en carro a la iglesia la mayoría del tiempo.

Nos gusta ir a misa el sábado por la tarde / el domingo.

El nombre de nuestra parroquia es

_____.

Nuestro párroco es el padre

_____

Celebrating with My Family

Circle the right word. Fill in the blanks.
Then color your home and your parish church.

We walk / ride to church most of the time.

We like to go to Mass on Saturday evening / Sunday.

The name of our parish is

holy sprit.

_____.

Our pastor is

_____.

I like to fly to church.

Cuando celebro

Formo parte de la procesión cuando canto con todas las personas reunidas para la misa.

Celebrando la presencia de Dios

Encontramos un lugar donde sentarnos. Entonces el sacerdote, los **lectores** y los monaguillos procesan hasta el **altar.** Nosotros, en nuestro corazón, procesamos con ellos. Al igual que el pueblo de Israel, cantamos himnos de alegría y alabanza. También celebramos la presencia de Dios entre nosotros.

Celebrating God's Presence

We find a place to sit in church. Then the priest, deacon, **lector,** and servers process to the **altar.** In our hearts, we journey with them. Like the people of Israel, we sing hymns of joy and praise. We too celebrate the presence of God among us.

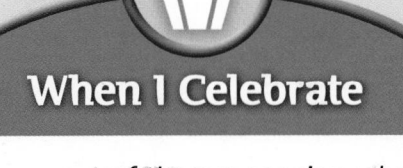

When I Celebrate

I am part of the procession when I sing with all those gathered at Mass.

Escucho la Palabra de Dios

Fui en procesión a la casa del Señor, entre cantos de acción de gracias.

adaptado del Salmo 42:5

Comenzamos la misa haciendo la señal de la cruz. El sacerdote nos saluda, diciendo:

La gracia de nuestro Señor Jesucristo, el amor del Padre y la comunión del Espíritu Santo estén con todos ustedes.

Contestamos:

Y con tu espíritu.

En las líneas que siguen, escribe tu respuesta a la bienvenida del sacerdote:

_____ _____ _____ _____

1
2
3

We begin Mass with the Sign of the Cross. The priest then greets us, saying:

The grace of our Lord Jesus Christ,
and the love of God,
and the communion of the Holy Spirit
be with you all.

We answer:

And with your spirit.

On the lines below, write your answer to the priest's welcome.

Sign of the cross

4

5

Cantando y bailando para Dios

Guía: ¡Dios está con nosotros!
¡Alegrémonos y cantemos jubilosos!

Todos: ¡Bendito seas por siempre, Señor!

Guía: Con nuestras propias palabras, pidamos en silencio al Espíritu Santo que nos ayude a escuchar la Palabra de Dios.

Escuchemos una vez más la historia del rey David y el Arca.
(*Dando la bienvenida al Arca de la Alianza*, páginas 12–13).

¡Házte parte del relato! Imagínate que estás ayudando a cargar el Arca de la Alianza. Es un privilegio especial. El Arca es un recordatorio del gran amor de Dios. Mucha gente camina a tu lado. Algunos están rezando; otros están cantando y alabando a Dios. ¿Por qué quieres alabar y bendecir a Dios el día de hoy?

Llenos de alegría

El saber que Dios nos ama mucho nos llena de alegría. La alegría es una señal de la presencia de Dios. Podemos reconocer a Dios en las personas y cosas que nos rodean. Celebramos su presencia en nosotros cuando vamos a misa. Nos unimos a quienes están presentes para cantar y orar con alegría.

Filled with Joy

Knowing God's great love for us fills us with joy. Joy is a sign of God's presence. We recognize God in the people and things around us. We celebrate his presence with us when we go to Mass. We join with all those present to sing and pray with joy.

Singing and Dancing for God

Prayer Leader: God is with us! Let us rejoice and sing for joy!

All: Blessed be God forever!

Prayer Leader: In our own words, let's silently ask the Holy Spirit to help us hear God's Word.

Let's listen once more to the story of King David and the Ark.

(Welcoming the Ark of the Covenant, pages 12–13)

Now place yourself in the scene. Imagine that you are helping to carry the Ark of the Covenant. It is a special privilege. The Ark is a reminder of God's great love. There are many people walking with you. Some are praying; others are singing songs of praise and thanks to God. What would you like to praise God for today?

Cuando hago oración

Recuerdo lo mucho que Dios me ama. Puedo alabarle y darle gracias por todas las personas y cosas que me recuerdan su amor.

La gente está de pie en ambos lados del camino para ver pasar el Arca. Algunas personas tienen instrumentos musicales. Los tocan, bailan y cantan de alegría al pensar en lo mucho que Dios los ama. ¿Qué canto de alegría te sabes que podrías cantarle a Dios?

De repente, te das cuenta de que el rey David ha venido. Está tan contento que no puede estarse quieto. Comienza a cantar y también a bailar. Todas las personas entran en la ciudad llenas de felicidad.

Con tus propias palabras, en silencio, dale gracias a Dios por todo el amor que te tiene. Después, espera un momento y deja que Dios te hable.

Bendito sea Dios, quien siempre está entre nosotros.

Todos: ¡Bendito seas por siempre, Señor!

People line the road to watch the Ark pass by. Some have musical instruments. They play and sing and dance for joy as they think about God's great love for them. What joyful song do you know that you can sing to God?

All of a sudden, you notice that King David has come. He is so happy that he can't stand still. He begins to sing and dance too. All enter the city rejoicing.

Using your own words, silently thank God for his great love for you. Then pause for a moment and let God speak to you.

Praise be to God, who is always among us.

All: Blessed be God forever.

When I Pray

I remember how much God loves me. I can praise and thank him for all of the people and things that remind me of his love.

Viviendo mi fe

Recuerdo lo que aprendo

- El Arca de la Alianza celebra la presencia de Dios.
- Voy a misa con mi familia.
- Nos reunimos para celebrar la presencia de Dios.
- El sacerdote nos da la bienvenida.

Vivo lo que aprendo

Voy a misa el día del Señor.

Celebro la presencia de Dios.

Canto para alabar a Dios.

Hago oración el día del Señor y durante el resto de la semana.

Comparto con mi familia

¿De qué manera disfrutas el día del Señor? Habla con tu familia acerca de las maneras en que celebran la presencia de Dios.

Conozco estas palabras

altar

lector

Oración final

Gracias, Dios mío, por tu presencia. Ayúdame a permanecer junto a ti.

Asegúrate de leer las páginas 2–5 de *Mi libro de la misa*, para aprender más cosas.

Living My Faith

I Remember What I Learn

- The Ark of the Covenant celebrates God's presence.
- I travel with my family to church.
- We gather to celebrate God's presence.
- We are welcomed by the priest.

I Live What I Learn

I go to Mass on the Lord's Day.

I celebrate God's presence.

I sing in praise of God.

I pray on the Lord's Day and all week too.

I Share with My Family

How do you enjoy the Lord's Day? Talk with your family about the ways you celebrate God's presence.

I Know These Words

altar

lector

Closing Prayer

Thank you, God, for your presence. I want to stay close to you.

Be sure to read pages 2–5 in your Mass booklet to learn more.

Reflexionando

El sonido del silencio

Siéntate y no te muevas.

No hagas ningún movimiento, no muevas
ni tus manos, ni tus pies.

Respira en silencio.

Ahora, cierra tus ojos y escucha.

Escucha los sonidos a tu alrededor.

¿Qué escuchas?

*Dios, tú que estás siempre presente, ayúdame
a escuchar tu voz en el mundo que me rodea.*

Reflecting

Sounds of Silence

Sit perfectly still.
Don't move at all—not your hands,
  nor your feet.
Breathe quietly.
Now close your eyes and listen.
Listen to the sounds around you.

What do you hear?

*Ever-present God, help me to listen for
your voice in the world around me.*

Pisando terreno sagrado

El pueblo de Israel vivió en Egipto durante mucho tiempo. Esos no fueron para ellos años muy felices. Trabajaban día tras día, comiendo y descansando poco. Eran esclavos y querían ser libres. Oraron y pidieron a Dios que los ayudara. Dios eligió a Moisés para ser su libertador.

La Biblia nos cuenta qué pasó el día en que Dios llamó a Moisés. Moisés estaba ocupado cuidando unas ovejas en la ladera de una montaña. Cuando miró hacia arriba, vio algo raro. Una zarza estaba ardiendo, pero no se consumía.

Standing on Holy Ground

The people of Israel lived in Egypt for a very long time. This was not a happy time for them. Day after day, they worked with little food and little rest. They were slaves, and they wanted to be free. They prayed to God for help. God chose Moses to help free them.

The Bible tells us about the day that God called Moses. Moses was busy taking care of his sheep on the mountainside. When he looked up, he noticed something strange. A bush was on fire, but it was not burning up.

Moisés subió la montaña para ver de cerca lo que estaba pasando. Cuando se acercó a la zarza, Dios le habló. Le dijo que se quitara las sandalias. Moisés obedeció. Sabía que estaba pisando tierra sagrada. Estaba en presencia de Dios. Entonces, Dios mandó a Moisés para que rescatara al pueblo de Israel de la esclavitud en Egipto.

adaptado de Éxodo 3:1–10

Moses climbed the mountain to get a closer look. When he was near the bush, God spoke to him. God told him to take his sandals off. Moses did as he was told. He knew that he was standing on holy ground. He was in God's presence. God then sent Moses to rescue the people of Israel from Egypt.

adapted from Exodus 3:1–10

Conociendo nuestra pecaminosidad

Moisés se preparó para reunirse con Dios en su monte santo. Se quitó las sandalias. Nosotros nos preparamos para celebrar la misa. Le ofrecemos nuestra mente y corazón a Dios. Sabemos que Dios estará presente de una manera especial.

Dios nos quiere reunir a todos en su amor. Pero sabemos que no siempre estamos bien con Dios. A veces pecamos y por eso necesitamos pedirle a Dios su perdón y **misericordia.**

El pecado me causa tristeza.

Knowing our Sinfulness

Moses got ready to meet God on his holy mountain. He took off his sandals. We get ready to celebrate the Mass. We turn our minds and hearts to God. We know that God will be present to us in a special way.

God wants to bring all of us together in love. But we know everything is not always all right with us. Sometimes we sin, and so we need to ask for God's forgiveness and **mercy.**

Sinning makes me so sad.

Pienso en esto

A veces recitamos la oración que comienza diciendo: "Yo confieso ante Dios todopoderoso". Despues, decimos el "Señor, ten piedad".

El sacerdote o diácono nos guía durante la misa en una oración de arrepentimiento y perdón. Decimos:

> Señor, ten piedad.
> Cristo, ten piedad.
> Señor, ten piedad.

Esta oración nos recuerda que el amor y la misericordia de Dios son más fuertes y grandes que nuestra debilidad.

The priest or deacon leads us in a prayer of sorrow and forgiveness at Mass. We say:

Lord, have mercy.
Christ, have mercy.
Lord, have mercy.

This prayer reminds us that God's love and mercy are greater than our weakness.

I Think About This

Sometimes we say a prayer that begins "I confess to almighty God." After that prayer, we pray "Lord, have mercy."

Cantando una alabanza a Dios

El Gloria es un canto de alabanza a Dios. Reconocemos su bondad y su grandeza. Recitamos o cantamos el Gloria durante la misa. Comenzamos orando:

Gloria a Dios en el cielo.

Estas son las mismas palabras que los ángeles usaron al anunciar el nacimiento de Jesús a los pastores.

Con el Gloria alabamos y damos gracias a Dios Padre.

Alabamos a nuestro Señor Jesucristo, Dios Hijo.

Alabamos a Dios, Espíritu Santo, que vive con Jesús en la gloria de Dios Padre.

Singing Praise to God

The *Gloria* is a song of praise to God. We recognize God's greatness and goodness. We all pray or sing the *Gloria.* We begin:

Glory to God in the highest.

These are the same words the angels used when they announced Jesus' birth to the shepherds.

In the *Gloria,* we give thanks and praise to God the Father.

We praise our Lord Jesus Christ, God the Son.

We praise God the Holy Spirit, who lives with Jesus in the glory of the Father.

I Listen to God's Word

Holy, holy, holy is the Lord of hosts. The whole earth is full of his glory.

adapted from Isaiah 6:3

Vivir alabando a Dios

Marca con un √ las fotos que muestran a niños viviendo en alabanza a Dios. En las líneas en blanco, escribe algo que harás esta semana para alabar a Dios.

_____

_____

Living in Praise of God

Put a √ in the boxes that show children living in praise of God. On the lines, write something you will do this week to praise God.

help cleaning the house.

Ante la presencia de Dios

Guía: Al hacer juntos la señal de la cruz, recordamos lo mucho que Dios nos ama.
En el nombre del Padre . . .

Respuesta: Dios amoroso, tú nos llamas, como llamaste a Moisés, para que nos acerquemos a ti.

Todos: ¡Gloria a Dios en el cielo!

Respuesta: Dios amoroso, tu misericordia es más grande que nuestros pecados.

Todos: ¡Gloria a Dios en el cielo!

Respuesta: Dios amoroso, nos unimos a los ángeles en su canto de alabanza.

Todos: ¡Gloria a Dios en el cielo!

Relajarse

Cuando recuerdo que Dios me ama, entonces le abro mi corazón. Le cuento mis alegrías y tristezas, mis éxitos y fracasos. El amor de Dios está siempre a mi disposición. Cuando me adentro en la presencia de Dios, puedo escuchar su voz en mi interior y sentir su presencia.

Standing in God's Presence

Prayer Leader: As we make the Sign of the Cross together, we remember how much God loves us. In the name of the Father . . .

Response: Loving God, you call us, like Moses, to come close to you.

All: Glory to God in the highest!

Response: Loving God, your mercy is greater than our sinfulness.

All: Glory to God in the highest!

Response: Loving God, we join the angels in their song of praise.

All: Glory to God in the highest!

Cuando hago oración

Me preparo para estar tranquilo. Entonces, estoy listo para hablarle a Dios y escucharle.

Guía: La Iglesia tiene un canto especial de alabanza que se llama el Gloria. Lo oramos juntos durante la misa para alabar y dar gracias a Dios. Ahora, todos juntos, usemos nuestras propias palabras para dar gloria a Dios.

Respuesta: ¡Gloria a ti, oh Dios!
Tú nos llamas amigos. Te damos gracias.
Tú enviaste a Jesús para liberarnos de
   nuestros pecados.
Tu amor es un amor sin límite.
¡Por eso estamos muy contentos!

Guía: Que Dios, nuestro Padre, nos bendiga y nos proteja. Que Dios Hijo camine a nuestro lado. Y que Dios Espíritu Santo nos inspire y guíe.

Todos: Amén.

Prayer Leader: The Church has a special hymn of praise called the *Gloria*. We pray it together at Mass to praise and thank God. Let's join together now using our own words to give glory to God.

Response: Glory to you, O God!
You call us friends. We give you thanks.
You sent Jesus to take away our sins.
You love us with an everlasting love.
We are filled with joy!

Prayer Leader: May God our Father bless and keep us. May God the Son walk beside us. And may God the Holy Spirit inspire and guide us.

All: Amen.

When I Pray

I prepare myself by being very still. Then I am ready to speak and listen to God.

Viviendo mi fe

Recuerdo lo que aprendo

- Moisés se preparó para reunirse con Dios.
- Yo me preparo para la misa.
- Pido en oración el perdón y la misericordia de Dios.
- Canto "Gloria a Dios".

Vivo lo que aprendo

Recuerdo que necesito el perdón de Dios.

Alabo a Dios con mi buen comportamiento.

Voy a misa tan a menudo como puedo.

Es maravilloso que Dios nos perdona nuestros pecados, ¿verdad?

Comparto con mi familia

¿De qué manera preparas tu mente y tu corazón para participar en la misa? Junto con tu familia ennumera algunas de estas maneras.

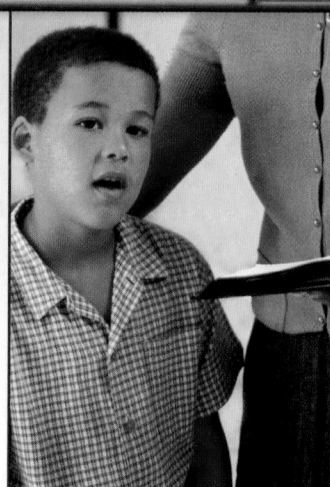

Conozco esta palabra

misericordia

Oración final

Te doy gracias, Dios del amor, por tu misericordia.

Asegúrate de leer las páginas 6–9 de *Mi libro de la misa*, para aprender más cosas.

Living My Faith

I Remember What I Learn

- Moses got ready to meet God.
- I get ready for Mass.
- I pray for forgiveness and mercy.
- I sing "Glory to God."

I Live What I Learn

I remember that I need God's forgiveness.

I praise God by how I live.

I go to Mass as often as I can.

Isn't it wonderful that God forgives our sins?

I Share with My Family

What do you do to get your heart and mind ready for Mass? Name with your family some ways you prepare.

I Know This Word

mercy

Closing Prayer

Thank you, loving God, for your mercy.

Be sure to read pages 6–9 in your Mass booklet to learn more.

Escuchando

4

Hora de contar un cuento

Piensa en tu cuento favorito.

¿De qué se trata?

¿Te lo leyó alguien?

¿Donde estabas la primera vez que lo oíste o leíste?

_____ en la casa   _____ en la escuela

_____ en la biblioteca _____ en una librería

_____ en una reunión familiar

Jesús, Palabra de Dios, ayúdame a escuchar tus historias con un corazón abierto.

Listening

Story Time

Think of your favorite story.

What is it about?

Did someone read it to you?

Where were you when you first heard it or read it?

✓ at home   ___ in school

___ at the library   ___ at a bookstore

___ at a family gathering

Jesus, Word of God, help me to listen to your stories with an open heart.

31

Plantando y cosechando

Es divertido ver crecer algo. Plantas una semilla, la riegas, la pones al sol y esperas. Al tiempo, a la planta le salen hojas verdes. Está lista para ser transplantada al jardín, donde podrá crecer aún más.

En tiempos de Jesús, los sembradores tenían su propia forma de plantar. Llevaban las semillas en bolsas grandes. Al caminar por su campo, tomaban un puñado de semillas y las lanzaban al suelo.

Planting and Growing

It's fun to watch things grow. You plant a seed, water it, put it in the sun, and wait. After a while, the plant sprouts green leaves. It's ready to move to the garden, where it can grow even more.

In Jesus' time, farmers had their own way of planting. They carried seeds in large bags. Then they walked across the fields, took a handful of seeds, and threw them on the ground.

Jesús cuenta la historia de un sembrador que hizo exactamente eso. Algunas de las semillas cayeron en el camino. Los pájaros vinieron y se las comieron. Algunas semillas cayeron entre las piedras, donde no había sitio para que las raíces crecieran. Por eso, cuando salió el sol, las plantas se secaron. Otras semillas cayeron entre zarzas, las cuales, al poco tiempo, ahogaron a las plantas que estaban creciendo.

Pero algunas de las semillas cayeron en tierra buena. Les crecieron raíces profundas. Las plantas crecieron saludables y fuertes. El sembrador pudo cultivar el alimento que necesitaba para vivir.

adaptado de Mateo 13:3–8

Jesus tells the story of a farmer who did just that. Some of his seeds fell onto the road. The birds came and ate them up. Some fell among the rocks, where there was no place for the roots to grow. So when the sun came out, the plants dried up. Some seeds fell among thorns, which soon choked the young plants.

But some of the seeds fell on good ground. They grew deep roots. The plants became healthy and strong. The farmer was able to grow the food that he needed to live.

adapted from Matthew 13:3–8

Escuchando la Palabra de Dios

Durante la misa escuchamos la Palabra de Dios, proclamada en la **Sagrada Escritura.** La Palabra de Dios es como las semillas del sembrador. Se proclama para que todos la escuchemos.

Nos sentamos durante la Primera Lectura, el Salmo Responsorial y la Segunda Lectura. Estar sentados significa que estamos listos para escuchar y recibir la Palabra de Dios. Usualmente escuchamos una lectura del **Antiguo Testamento** o de los Hechos de los Apóstoles. Después, cantamos o proclamamos un **salmo.** A continuación, hay una lectura del **Nuevo Testamento.** El lector proclama las lecturas de un libro especial llamado Leccionario. Después de cada lectura, el lector dice:

Palabra de Dios.

Contestamos:

Te alabamos, Señor.

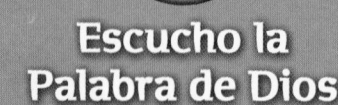

Escucho la Palabra de Dios

Ustedes recibieron la palabra con la alegría que viene del Espíritu Santo.

adaptado de 1 Tesalonicenses 1:6

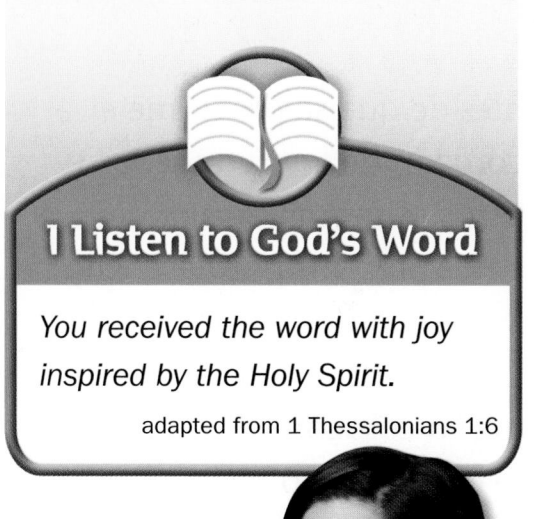

I Listen to God's Word

You received the word with joy inspired by the Holy Spirit.

adapted from 1 Thessalonians 1:6

Hearing God's Word

At Mass, we hear God's Word read from **Sacred Scripture.** God's Word is like the farmer's seeds. It is spoken for all to hear.

We sit during the First Reading, the Responsorial Psalm, and the Second Reading. Sitting means we are ready to listen and receive God's Word. Usually we hear a reading from the **Old Testament** or the Acts of the Apostles. Then we pray one of the **psalms.** Next is a reading from the **New Testament.** The lector reads from a special book called the *Lectionary for Mass.* After each reading, the lector says:

The word of the Lord.

We answer:

Thanks be to God.

Cantamos el Aleluya antes de que se proclame el **Evangelio.** Jesús es el corazón de los Evangelios y por eso, para escuchar estas palabras, nos ponemos de pie. El ponerse de pie nos prepara para escuchar algo importante. Nos ayuda a prestar atención a las palabras que se dicen. En la lectura del Evangelio, Jesús nos habla de corazón a corazón. Después de leer el Evangelio, el sacerdote o el diácono dice:

Palabra del Señor.

Contestamos:

Gloria a ti, Señor Jesús.

A continuación el sacerdote o diácono predica la **homilía.** Esta nos ayuda a entender la Palabra de Dios. También nos ayuda a poner en práctica lo que hemos escuchado.

Luego de un momento de silencio, nos ponemos de pie y proclamamos el **Credo.** Proclamamos todo lo que creemos. Después del Credo le pedimos a Dios que escuche nuestras oraciones por el mundo, la Iglesia, nuestra parroquia y las personas necesitadas.

We sing the Gospel Acclamation before the **Gospel** is read. Jesus is at the center of the Gospels. So we stand to hear these words. Standing gets us ready to hear something important. It helps us to pay attention to the words being spoken. In the Gospel Reading, Jesus speaks to us heart-to-heart. After the Gospel is read, the priest or deacon says:

The Gospel of the Lord.

We answer:

Praise to you, Lord Jesus Christ.

Next the priest or deacon gives the **Homily.** It helps us understand God's Word. It also helps us put into practice what we just heard.

Then we stand and pray the Profession of Faith or **Creed.** We state all that we believe. After the Creed, we ask God to hear our prayers for the world, the Church, our parish, and those in need.

Escuchando con tu corazón

Todos escuchamos la Palabra de Dios durante la misa. Algunas personas la oyen, pero la verdad es que no prestan atención a lo que escuchan. La Palabra de Dios pasa a ser algo semejante a la semilla que cayó en el camino. Muere.

Algunas personas escuchan y meditan en lo que han escuchado. Pero después, se olvidan de ello. Para ellas, la Palabra de Dios es como la semilla que cayó entre las piedras o las zarzas. Crece un poquito, pero después muere. La Palabra de Dios no tiene oportunidad de crecer.

¿Te acuerdas de lo que sucede a una semilla que es plantada en tierra buena? La riegas con agua. La colocas donde le dé el sol. La observas crecer. La Palabra de Dios es similar. Escuchas la Palabra de Dios, reflexionas respecto a ella y te acuerdas de ella. Crece, igual que lo hace una semilla en tierra buena.

Listening with Your Heart

We all hear God's Word at Mass. Some people hear, but they don't really pay attention to what they hear. God's Word becomes like the seed on the road. It dies.

Some people listen and think about what they heard. Then they forget about it. For them, God's Word is like a seed among the rocks or the thorns. It grows a little bit, and then it dies. God's Word has no chance to grow.

Remember what you know about a seed planted in good soil? You water it. You set it in the sun. You watch it grow. God's Word is like that. You listen, think about it, and remember God's Word. It can grow in you just like a seed in good ground.

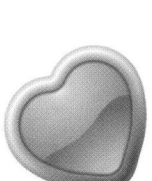
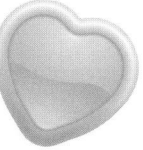

Compartiendo la Palabra de Dios

Reflexiona acerca de la historia del sembrador y la semilla. En los cuatro recuadros que aparecen abajo, haz dibujos que relaten la historia. Prepárate para hablar acerca de cómo la Palabra de Dios crece en tu corazón, al igual que lo hace una semilla en tierra buena.

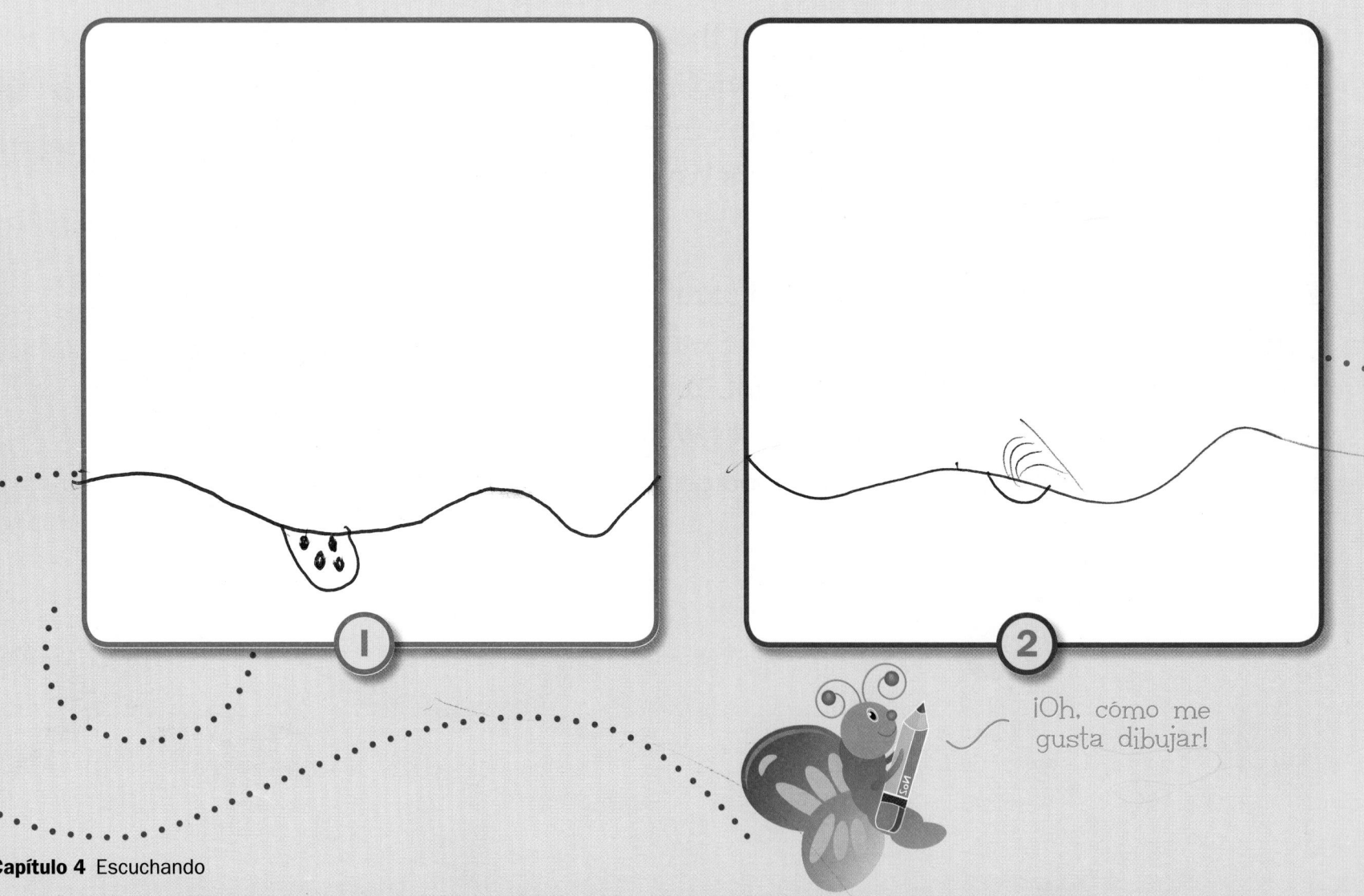

¡Oh, cómo me gusta dibujar!

Sharing God's Word

Oh, how I love to draw!

Think about the story of the farmer and the seed. In the four boxes, draw pictures that tell the story. Be ready to talk about how the Word of God grows in your heart like the seed that grows in good soil.

3

4

Tú eres la tierra buena

Todos se santiguan juntos.

Guía: Al ponernos de pie, preparados para escuchar la Palabra de Dios, oremos en silencio para que seamos tierra buena donde la Palabra pueda echar raíces y crecer.

Lector: Lectura del santo Evangelio según san Mateo.

Jesús dijo: "Un sembrador salió a plantar semillas en su campo. Cuando el sembrador estaba esparciendo las semillas, algunas cayeron en el camino y los pájaros se las comieron. Otras semillas cayeron en un suelo pedregoso y empezaron a crecer rápidamente porque la tierra no era muy profunda. Pero cuando salió el sol, las plantas se secaron. No tenían suficientes raíces. Otras semillas cayeron donde crecían las zarzas, y las espinas mataron a las plantas. Pero algunas semillas cayeron en tierra buena. Sus raíces crecieron profundas. Las plantas crecieron fuertes y sanas".

adaptado de Mateo 13:3–8

Espacio para crecer

Podemos ser como la tierra buena. Cuando escuchamos cuidadosamente la Palabra de Dios, esta crece en nuestro interior, como lo hace una semilla en la tierra. Cuando reflexionamos en lo que escuchamos y lo que esto significa para nuestra vida, la semilla de la Palabra de Dios crece fortalecida. Nos ayuda a vivir como fieles seguidores de Jesús.

Room to Grow

We can be like good soil. When we listen carefully to God's Word, it grows in us, just like a seed in the ground. When we think about what we hear and what it means for us, the seed of God's Word grows strong. It helps us to live as faithful followers of Jesus.

You Are the Good Ground

All pray the Sign of the Cross together.

Prayer Leader: As we stand, ready to hear God's Word, let's pray silently that we will be the good ground where it will take root and grow.

Reader: A reading from the holy Gospel according to Matthew.

Jesus said, "A farmer went out to scatter seeds in a field. While the farmer was scattering the seeds, some fell along the road and were eaten by birds. Other seeds fell on rocky ground and quickly started growing because the soil was not very deep. But when the sun came out, the plants dried up. They did not have long enough roots. Other seeds fell where thorn bushes grew, and the thorns choked the plants. But some seeds fell on good ground. Their roots went deep into the earth. They grew strong and healthy."

adapted from Matthew 13:3–8

Cuando hago oración

Me abro a la Palabra de Dios. Esta crece en mí como una semilla y me ayuda a vivir como seguidor de Jesús.

Palabra del Señor,

Todos: Gloria a ti, Señor Jesús.

Guía: Sentémonos cómodamente, con las manos abiertas sobre las piernas, reflexionando acerca de lo que hemos escuchado. Imagínate a ti mismo como la tierra buena. La historia que acabamos de escuchar ha sido plantada en tu corazón.

Comparte con Jesús acerca de esta historia y escucha lo que Jesús quiere decirte.

Con gratitud, oremos:

Todos: Jesús, que eres la Palabra de Dios, gracias por plantar tu semilla en mi corazón. Que tus palabras estén en mi mente, mis labios y corazón. Ayúdame a escucharte, entenderte y amarte cada día más. Amén.

The Gospel of the Lord.

All: Praise to you, Lord Jesus Christ.

Prayer Leader: Let's sit comfortably, hands open in our laps, and think about what we just heard. Imagine yourself as the good soil. The story we just heard has been planted in your heart.

Talk with Jesus about the story and listen for what Jesus wants to say to you.

In gratitude, let us pray:

All: Jesus, Word of God, thank you for planting your seed in my heart. May your words be in my mind, on my lips, and in my heart. Help me to listen and understand and love you more each day. Amen.

When I Pray

I open myself to God's Word. It grows in me like a seed and helps me to live as a follower of Jesus.

Viviendo mi fe

Recuerdo lo que aprendo

- La Palabra de Dios es como las semillas que planta el sembrador.
- La homilía me ayuda a entender la Palabra de Dios.
- La Palabra de Dios crece en mí cuando la acepto en mi corazón.

Vivo lo que aprendo

Escucho atentamente la Palabra de Dios.

Pongo atención a la homilía.

Sigo las enseñanzas de Jesús.

 ¡Estoy escuchando lo mejor que puedo!

Asegúrate de leer las páginas 10–16 de *Mi libro de la misa,* **para aprender más cosas.**

Comparto con mi familia

Muy a menudo Jesús enseñaba por medio de historias. Pide a los miembros de tu familia que compartan contigo la historia de los Evangelios que más les gusta.

Conozco estas palabras

Credo	Antiguo Testamento
Evangelio	salmo
homilía	Sagrada Escritura
Nuevo Testamento	

Oración final

Dios amoroso, gracias por plantar tu Palabra en mi corazón.

Living My Faith

I Remember What I Learn

- God's Word is like seeds spread by the farmer.
- The homily helps me understand God's Word.
- God's Word grows in me when I listen and remember.

I Live What I Learn

I listen carefully to God's Word.

I pay attention to the homily.

I follow Jesus' teachings.

I'm listening as hard as I can!

I Share with My Family

Jesus often taught through stories. Ask your family members to share which Gospel story is their favorite.

I Know These Words

Creed	Old Testament
Gospel	psalm
homily	Sacred Scripture
New Testament	

Closing Prayer

Thank you, dear God, for planting your Word in my heart.

Be sure to read pages 10–16 in your Mass booklet to learn more.

Preparando

Visita en el hogar

Tenemos mucho qué hacer cuando una persona especial viene a visitarnos. Necesitamos recoger los juguetes. Es necesario asear la casa y preparar los alimentos. Si todos colaboramos, podemos hacerlo fácil y rápidamente.

¿Qué tarea especial se te asigna cuando alguien viene a visitarlos?

Jesús mío, ayúdame a preparar mi corazón para recibirte.

Chapter 5

Preparing

Company's Coming

We have much to do when someone special comes to visit. Toys need to be picked up. The house needs to be cleaned. Food needs to be prepared. All of this is done quickly and easily if everyone helps.

What is your special job when getting ready for company?

Loving Jesus, help me prepare my heart to receive you.

Una comida extraordinaria

Una gran multitud estaba escuchando a Jesús. Habían pasado todo el día escuchándolo, sin comer nada. Jesús sabía que tenían hambre. Quería alimentarlos. Sus discípulos le dijeron que no tenían alimento y que tampoco tenían dinero para comprarlo.

Un muchacho que estaba sentado cerca de los discípulos escuchó la conversación. Se ofreció a compartir cinco panecillos de cebada y dos pescados que había traído consigo para almorzar.

Andrés, el apóstol, le comunicó a Jesús este ofrecimiento. Pero, aun así, preguntó: "¿Qué tanto son dos pescados y unos cuántos panecillos para alimentar a tanta gente?"

An Amazing Meal

A large crowd was listening to Jesus speak. They listened all day without anything to eat. Jesus knew they were hungry. He wanted to feed them. His disciples said that they had no food and that they had no money to buy food.

A young boy sitting near the disciples heard them talking. He offered to share the five small barley loaves and two fish he had brought for his lunch.

The apostle Andrew told Jesus about the boy's offer. But Andrew asked how two fish and a few loaves could feed so many.

Jesús tomó la ofrenda del muchacho y dio gracias a su Padre celestial. Después pidió a sus discípulos que compartieran el alimento con toda la gente.

Los discípulos quedaron impresionados. ¡Cada vez que metían la mano en los canastos encontraban más comida! Alimentaron a miles de personas. Con lo que sobró, llenaron 12 canastos grandes.

El muchacho dio lo poco que tenía. Jesús tomó su ofrenda y la multiplicó para que así pudieran alimentarse muchas personas. Después Jesús les prometió algo aun mejor. Les prometió que se daría a sí mismo como alimento.

adaptado de Juan 6:1–13,47–51

Jesus took the boy's offering and gave thanks to God his Father. Then he told his disciples to share the food with all the people.

The disciples were amazed. Every time they reached into the basket, they found more food! Thousands of people were fed. The leftovers filled 12 large baskets.

The young boy gave what little he had. Jesus took his offering and multiplied it so that many could be fed. Then Jesus promised the people something even better. He promised to give himself as food.

adapted from John 6:1–13,47–51

Cuando celebro

También le ofrezco a Dios el tiempo y la ayuda que he dado a los demás.

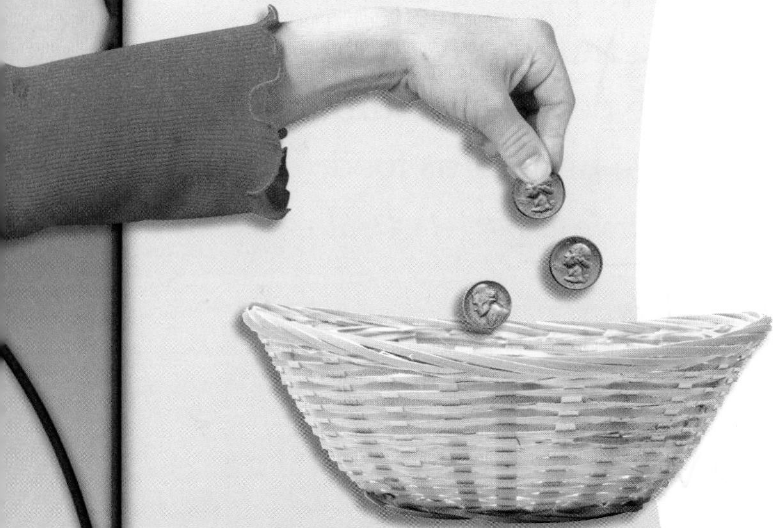

Preparación de los dones

La preparación de los dones es el momento de la misa en el que traemos al altar los dones del pan y el vino. Con el pan y el vino, nos damos nosotros mismos a Dios. Antes de esto, se realiza una colecta para apoyar la obra de la Iglesia y para el cuidado de las personas necesitadas.

El dinero que donamos es también un regalo de nosotros mismos a Dios. Todo lo que traemos se une a los dones del pan y el vino.

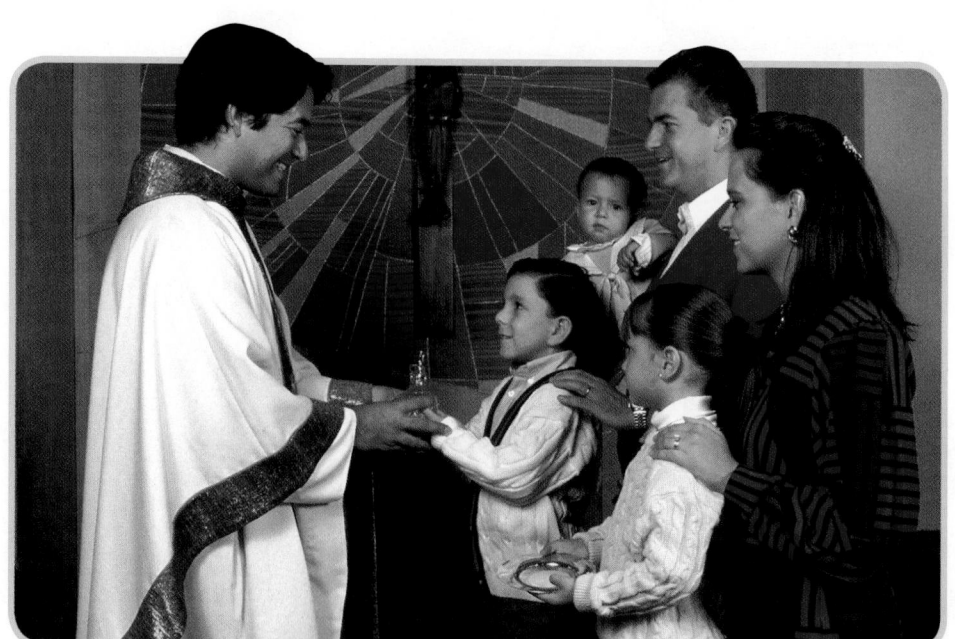

Presentation and Preparation of the Gifts

We bring the gifts of bread and wine to the altar. With the bread and wine, we give ourselves to God. Before this, there is a collection. It helps to support the work of the Church and to care for people in need.

The money we donate is also a gift of ourselves to God. All that we bring is joined with the gifts of bread and wine.

When I Celebrate

I also offer to God the time and the help I've given to others.

Dios ama a quien da con alegría.

adaptado de 2 Corintios 9:7

El ofrecimiento de nuestros dones

El sacerdote recita oraciones de **bendición**. Menciona al pan y al vino como la ofrenda que presentamos. Estos dones son nuestra manera de agradecer a Dios todo lo que nos ha dado. Finalmente, el sacerdote alaba a Dios en la oración. Le pide a Dios que acepte todo lo que traemos.

Respondemos:

Que el Señor acepte de tus manos este **sacrificio**,
para alabanza y gloria de su nombre,
para nuestro bien
y el de toda su santa Iglesia.

¡Yo también tengo un regalo para Dios!

The Blessing of Our Gifts

The priest then prays prayers of **blessing.** He names the bread and wine as the gifts we bring. They are our way of saying thank you to God for his gifts to us. Finally, the priest praises God in prayer. He asks God to accept all that we bring.

We answer:

> May the Lord accept the **sacrifice** at your hands
> for the praise and glory of his name,
> for our good
> and the good of all his holy Church.

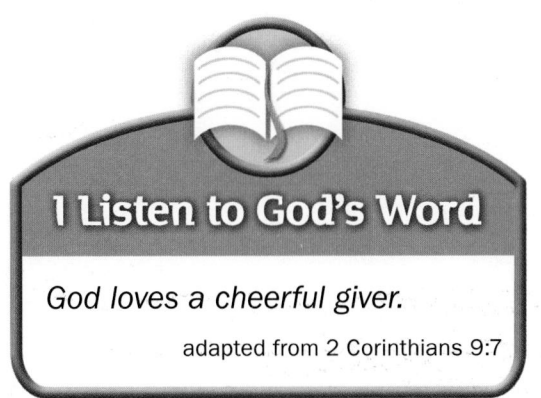

I Listen to God's Word

God loves a cheerful giver.

adapted from 2 Corinthians 9:7

I have a gift for God too!

Pienso en esto

No importa cuánto dé. Lo que importa es el amor que manifiesto con lo que doy.

Un regalo aun más grande

Recuerda al muchacho del relato del Evangelio. Sólo tenía un poco para dar. Se lo ofreció a Jesús. Jesús tomó ese poco, aquellos cinco panecillos y dos pescados, y con ellos alimentó a 5,000 personas.

Lo que nosotros ofrecemos también es importante. Ofrecemos lo que hacemos por los demás como nuestra ofrenda a Dios. Dios recibe los dones que le presentamos. A cambio, nos da algo mucho más grande: el Cuerpo y la Sangre de Cristo.

An Even Greater Gift

Remember the young boy in the Gospel story? He had only a little bit to give. He offered it to Jesus. Jesus was able to take that little bit, those five barley loaves and two fish, and feed 5,000 people.

What we offer is important too. We offer the things we do for others as our gift to God. God takes the gifts we bring. In return, he gives us something much greater: the Body and Blood of Christ.

I Think About This

The size of my gift does not matter. What is important is the love that my gift shows.

Mi ofrenda

Escribe en las líneas de abajo las cosas que puedes hacer por los demás como una ofrenda a Dios.

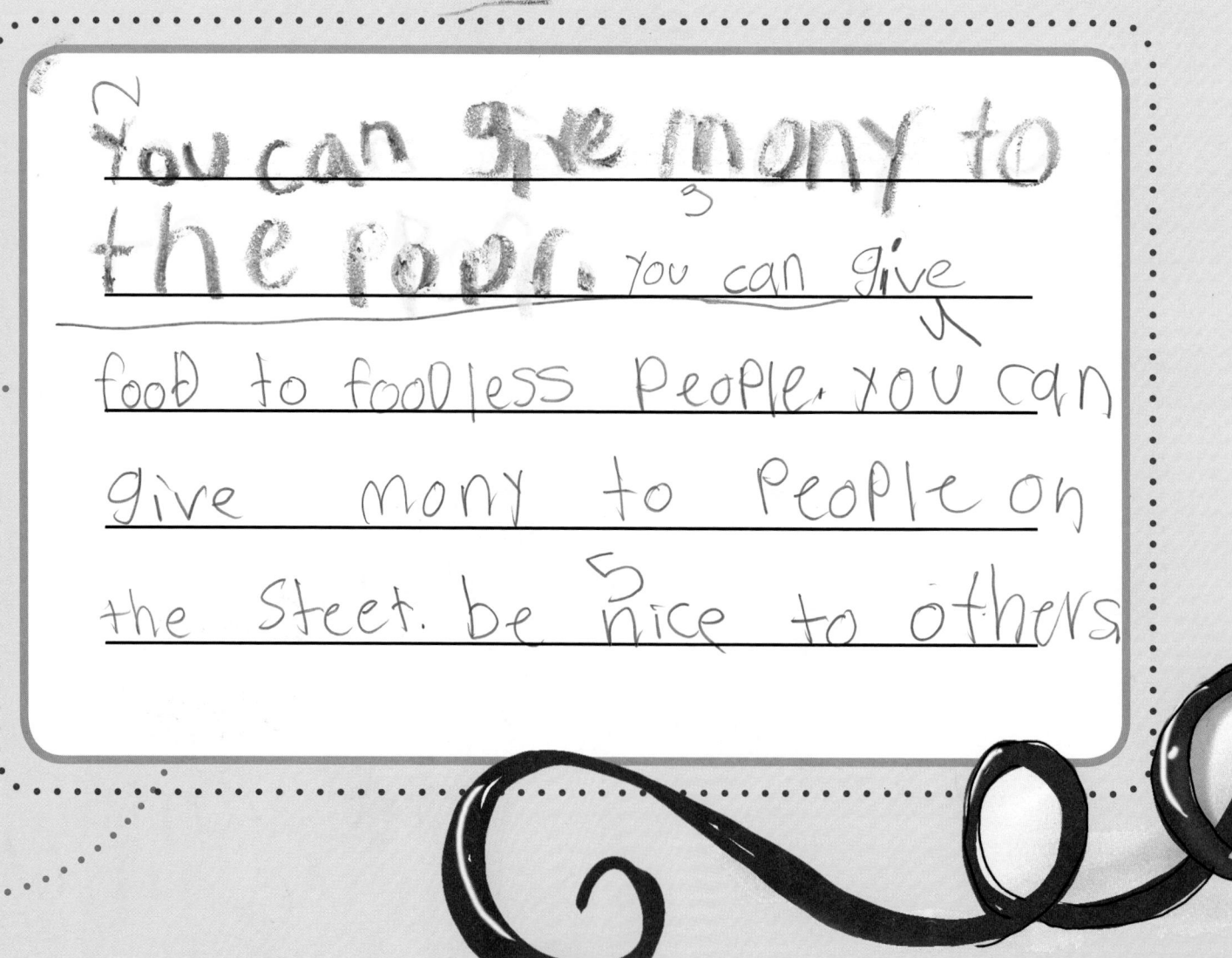

You can give mony to the poor. You can give food to foodless People. You can give mony to People on the steet. be nice to others

My Gift

Next to the gift box below, write things that you can do for others as your gift to God.

you can help others that Dod have more

Dones para compartir

Guía: Bendito sea Dios nuestro Padre, por darnos a Jesús, ¡el mejor regalo de todos!

Respuesta: ¡Bendito seas por siempre Señor!

Guía: Cuando compartimos con las demás personas, Dios transforma nuestros pequeños dones en cosas mucho más grandes. Ofrezcamos nuestras buenas obras a Dios mientras oramos juntos:

Lector: Dios nuestro, te ofrecemos las buenas acciones que hacemos por los demás.

Respuesta: Recibe nuestros dones, Señor.

Todos tenemos dones

Toda persona tiene algo para compartir. Puede ser nuestro almuerzo, como lo fue para el muchacho del relato del Evangelio. También podemos compartir una sonrisa, nuestra ayuda o una palabra amable. Dios realiza cosas maravillosas mediante lo que compartimos.

We All Have Gifts

Everyone has something to share. It might be our lunch, as it was for the boy in the Gospel story. It also can be a smile, a helping hand, or a kind word. God does wonderful things with whatever we have to give.

Gifts to Share

Prayer Leader: Blessed be God our Father who gave us Jesus, the greatest gift of all!

Response: Blessed be God forever!

Prayer Leader: When we share what we have with others, God's love turns our small gift into so much more. Let's bring all of our good deeds to God as we pray together:

Reader: We give you, O God, the good deeds we do for others.

Response: Receive our gift, we pray.

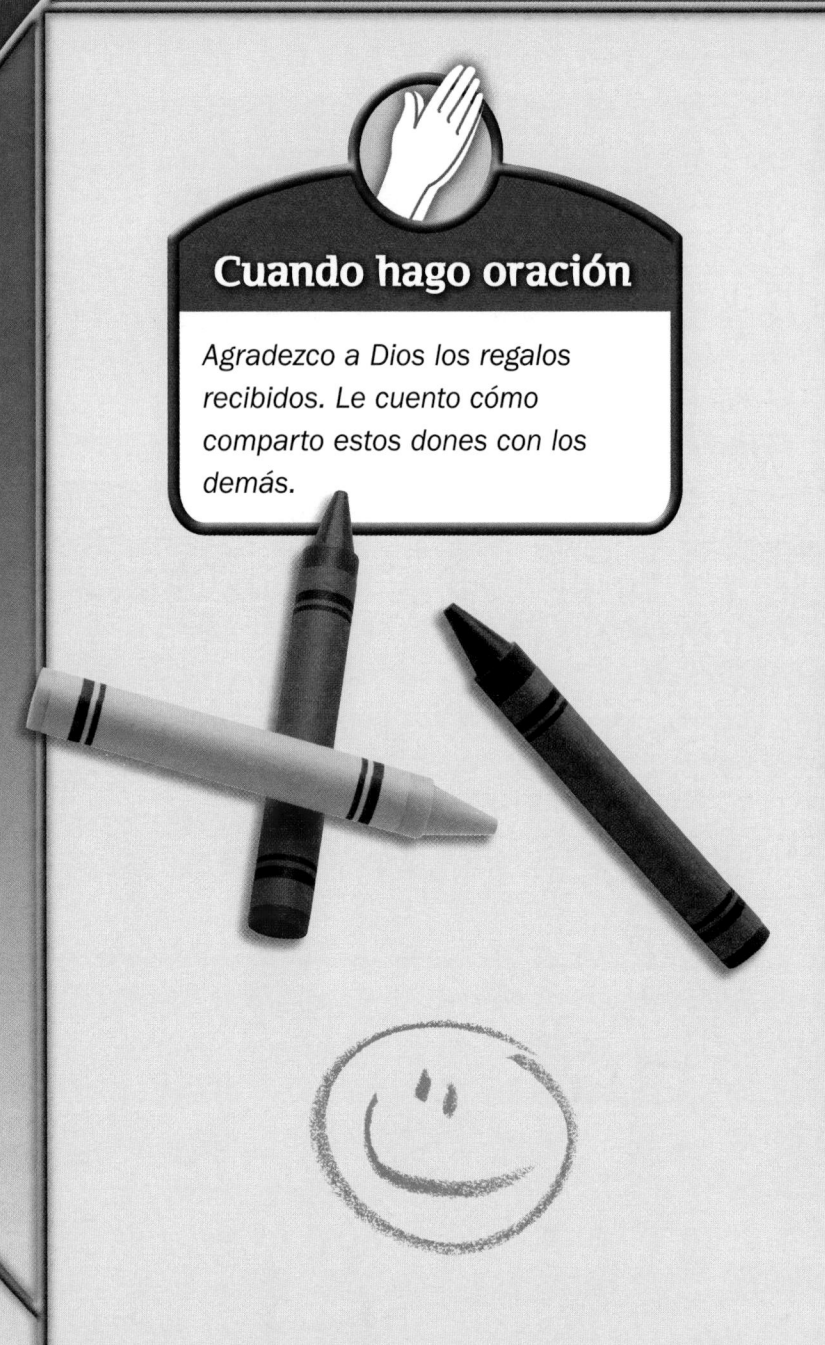

Cuando hago oración

Agradezco a Dios los regalos recibidos. Le cuento cómo comparto estos dones con los demás.

Lector: Dios nuestro, te ofrecemos el gozo y la alegría que aportamos a la vida de alguien más.

Respuesta: Recibe nuestros dones, Señor.

Lector: Te ofrecemos, Señor, todos los momentos en los que nos acordamos de darte gracias.

Respuesta: Recibe nuestros dones, Señor.

Lector: Te ofrecemos, Señor, las palabras amables que dirigimos a los demás.

Respuesta: Recibe nuestros dones, Señor.

Guía: Dios nos llama a compartir nuestros dones con los demás. Esta es una de las maneras en las que le agradecemos todo lo que nos ha dado, especialmente por habernos dado a su Hijo, Jesucristo. En acción de gracias por tan gran regalo, oremos juntos las palabras que Jesús nos enseñó:

All: Padre nuestro, que estás en el cielo… Amén.

Reader: We give you, O God, the joy and laughter we bring into someone's day.

Response: Receive our gift, we pray.

Reader: We give you, O God, all of the times we remember to say thank you.

Response: Receive our gift, we pray.

Reader: We give you, O God, the kind words we speak.

Response: Receive our gift, we pray.

Prayer Leader: God calls us to share our gifts with others. This is one way we thank him for all that he has given us. We especially thank him for the gift of his Son, Jesus. In thanksgiving to God, let us pray together in the words that Jesus taught us.

All: Our Father, who art in heaven . . . Amen.

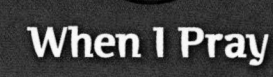

When I Pray

I thank God for the gifts he has given me. I tell God how I share those gifts with others.

Viviendo mi fe

Recuerdo lo que aprendo

- El muchacho se ofreció a compartir el alimento que había traído.
- Jesús bendijo el alimento y dio de comer a miles de personas.
- El sacerdote bendice el pan, el vino y mi ofrenda.
- Dios recibe lo que le ofrecemos y lo multiplica.

Vivo lo que aprendo

Tengo dones especiales.

Puedo usar mis dones y mi tiempo para ayudar a las demás personas.

Sé que compartir, incluso las cosas pequeñas, es muy importante.

Los mejores regalos provienen del corazón.

Asegúrate de leer las páginas 17–19 de *Mi libro de la misa*, para aprender más cosas.

Comparto con mi familia

Cada uno de nosotros ha sido bendecido con dones especiales. Habla con tu familia acerca de cómo pueden usar sus dones para vivir como Dios quiere que vivamos.

Conozco estas palabras

bendición

sacrificio

Oración final

Muchas gracias Jesús por aceptar lo que te ofrezco. Compartiré mis dones de la mejor manera posible.

Living My Faith

I Remember What I Learn

- The young boy offered to share the food that he brought.
- Jesus blessed the food and fed thousands.
- The priest blesses the bread and wine and my offering.
- God takes what we have to offer and increases it.

I Live What I Learn

I have special gifts.

I can use my gifts and my time to help others.

I know that even small offerings are important.

The best gifts come from the heart.

I Share with My Family

Each of us is blessed with special gifts. With your family, talk about how you each can use your gifts to live the way God wants.

I Know These Words

blessing

sacrifice

Closing Prayer

Thank you, Jesus, for accepting what I offer. I will do my best to share my gifts.

Be sure to read pages 17–19 in your Mass booklet to learn more.

Recordando

¡El mejor regalo que jamás haya existido!

A todos nos gusta recibir regalos. Son una señal de que alguien nos quiere. Piensa por unos momentos en los regalos que has recibido.

¿Cuál de ellos es tu favorito?

¿Qué es?

¿Quién te lo dio?

¿Cuándo te lo dieron?

¿Aun lo conservas?

Jesús, don de Dios, ayúdame a recordar que tú eres el mejor regalo que jamás haya existido.

Chapter 6

Remembering

The Best Gift Ever!

We all like to receive gifts. They are a sign that someone cares for us. Think about the gifts you've been given.

Do you have a favorite?

What is it?

Who gave it to you?

When was it given to you?

Do you still have it?

Jesus, gift of God, help me to remember that you are the greatest gift of all.

Jesús cumple su promesa

¿Recuerdan la historia del Evangelio acerca del muchacho que compartió cinco panes y dos pescados? Luego de alimentar a la multitud, Jesús les prometió algo aún mejor. Les prometió que se daría a sí mismo como alimento.

Jesús nos dio este alimento durante la **Última Cena.** La noche antes de que muriera en la cruz, Jesús compartió una última comida con sus apóstoles. Durante la cena, tomó pan, lo bendijo, lo partió y lo dio a sus discípulos diciendo: "Este es mi cuerpo que será entregado por ustedes. Hagan esto en conmemoración mía".

Jesus Keeps His Promise

Remember the Gospel story about the boy with the five loaves and two fish? After feeding the hungry crowd, Jesus promised the people something even better. He promised he would give himself as food.

Jesus gave us this food at the **Last Supper.** On the night before he died on the cross, Jesus shared one last meal with his apostles.

During supper, he took bread, blessed it, broke it, and gave it to his disciples, saying: "This is my body, which will be given for you; do this in memory of me."

Después, Jesús tomó la copa de vino, la bendijo y la pasó a sus discípulos, diciendo: "Este es el cáliz de mi sangre, sangre de la nueva alianza, que será derramada por ustedes".

adaptado de Lucas 22:14–20

El alimento que Jesús nos dio es su propio Cuerpo y Sangre, bajo la forma de pan y vino. Este es el alimento que necesitamos durante nuestro viaje hacia el cielo.

Jesús sufrió y murió en la cruz. En la misa celebramos su sacrificio.

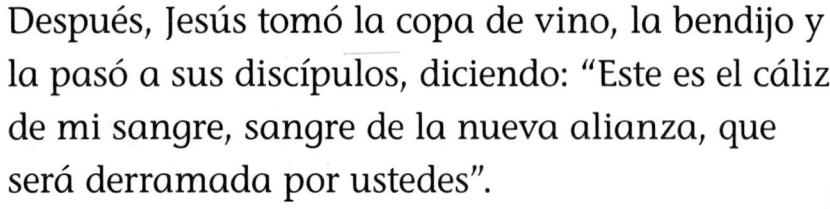

Jesus then took the cup of wine, blessed it, and gave it to his disciples, saying: "This chalice is the new covenant in my blood, which will be shed for you."

adapted from Luke 22:14–20

The food that Jesus gave us is his own Body and Blood under the form of bread and wine. This is the food we need as we journey to heaven.

Jesus suffered and died on the cross. We celebrate his sacrifice at Mass.

Escucho la Palabra de Dios

El Espíritu Santo les enseñará todo lo necesario y les recordará cuanto les he dicho.

adaptado de Juan 14:26

Una oración de acción de gracias

La **Plegaria Eucarística** es la cumbre de nuestra celebración de la misa. Es nuestra oración de alabanza y acción de gracias. En ella recordamos lo que Jesús ha hecho para salvarnos. Recordamos el sacrificio de Jesús. Dio su vida para salvarnos del pecado. Recibimos el regalo de la salvación que Jesús ganó para nosotros.

El sacerdote comienza esta oración.

A continuación, toda la asamblea se le une diciendo o cantando:

Santo, santo, santo es el Señor,
Dios del universo.
Llenos están el cielo y la tierra de tu gloria.
Hosanna en el cielo.
Bendito el que viene en el nombre del Señor.
Hosanna en el cielo.

La paloma es un símbolo del Espíritu Santo.

A Prayer of Thanksgiving

The **Eucharistic Prayer** is the high point of our celebration of the Mass. It is our prayer of praise and thanksgiving. In it, we remember all that Jesus has done to save us. We remember Jesus' sacrifice on the cross. He gave up his life to save us from sin. We receive the grace of salvation that Jesus won for us.

The priest begins this prayer.

All then join with him in singing or saying:

Holy, Holy, Holy Lord God of hosts.
Heaven and earth are full of your glory.
Hosanna in the highest.
Blessed is he who comes in the name
of the Lord.
Hosanna in the highest.

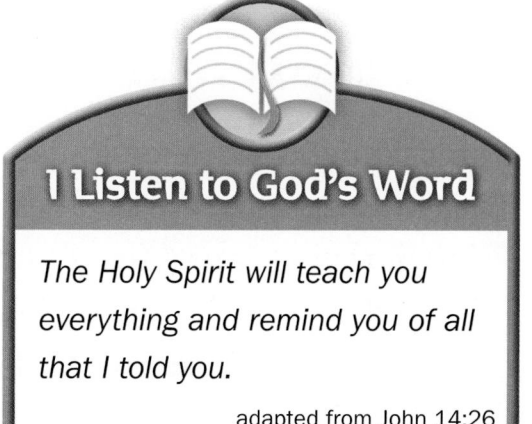

I Listen to God's Word

The Holy Spirit will teach you everything and remind you of all that I told you.

adapted from John 14:26

The dove is a symbol of the Holy Spirit.

La presencia real de Jesús

La siguiente parte de la Plegaria Eucarística es la **Consagración**. En ese momento, mediante las palabras y la acción del sacerdote, el sacrificio de Jesús se hace presente nuevamente. El sacerdote repite las palabras que Jesús pronunció en la Última Cena. El pan y el vino se convierten en el Cuerpo y la Sangre de Cristo.

El Cuerpo y la Sangre de Cristo mantienen el mismo sabor y la misma apariencia del pan y el vino. Sin embargo, mediante la acción del Espíritu Santo y las palabras de consagración del sacerdote, se han convertido en el Cuerpo y la Sangre de Cristo.

The Real Presence

The next part of the Eucharistic Prayer is the **consecration.** At this time, through the words and action of the priest, Jesus' sacrifice is made present again. The priest repeats the very same words Jesus said at the Last Supper. The bread and wine then become the Body and Blood of Christ.

The Body and Blood of Christ will look and taste like bread and wine. They have become the Body and Blood of Christ through the power of the Holy Spirit and the priest's words of consecration.

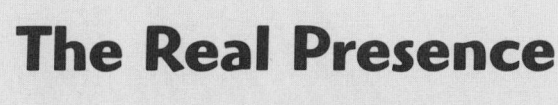

Nuestro alimento espiritual

A continuación, todos cantamos o respondemos:
    Anunciamos tu muerte,
    proclamamos tu resurrección.
    ¡Ven, Señor Jesús!

En la Plegaria Eucarística ofrecimos el pan y el vino como signo de nuestro propio ofrecimiento a Dios. A cambio, Dios nos da la Eucaristía, el Cuerpo y la Sangre de Jesucristo. Bajo la apariencia del pan y el vino, Cristo mismo se convierte en nuestro alimento espiritual. Lo recibiremos al recibir la Sagrada Comunión. Consciente de todo esto, juntos oramos o cantamos:

    Amén.

Este Gran Amén es nuestro sí a todo lo que ha tenido lugar. Con él concluye la Plegaria Eucarística.

Our Spiritual Food

Next, all sing or pray:

> We proclaim your Death,
> O Lord,
> and profess your Resurrection
> until you come again.

In the Eucharistic Prayer, we offer the bread and wine as a sign of offering ourselves to God. In return, God gives us the Eucharist, the Body and Blood of Jesus Christ. Under the appearance of bread and wine, Christ himself becomes our spiritual food. We will receive him when we receive Holy Communion. Realizing all of this, we sing or pray together:

> Amen.

This Amen is our yes to all that has taken place. It brings the Eucharistic Prayer to an end.

Palabras para recordar

Busca y traza un círculo alrededor de estas palabras.

Última Cena	Amén	acción de gracias
Sagrada Comunión	Consagración	ofrenda

T	H	A	O	H	A	I	O	G	W	H	U	N	D	L	H	R
A	D	U	F	D	M	A	N	P	O	F	X	O	E	Y	O	P
C	V	A	M	E	N	A	S	L	F	H	T	I	F	G	B	N
W	P	S	E	P	S	H	A	I	R	R	B	C	N	A	H	I
N	O	I	N	U	M	O	C	A	E	A	R	A	A	S	B	D
A	T	C	D	T	C	A	R	I	N	E	P	R	M	H	D	B
N	O	I	N	U	M	O	C	A	D	A	R	G	A	S	F	C
F	P	V	F	O	P	H	T	M	A	Y	E	A	T	P	U	L
O	U	L	T	I	M	A	C	E	N	A	Y	S	U	D	H	E
B	I	U	M	T	Y	N	H	X	I	Z	P	N	L	N	A	Y
P	Z	E	P	Z	E	H	O	U	T	S	G	O	P	P	E	M
T	A	C	C	I	O	N	D	E	G	R	A	C	I	A	S	X

Words to Remember

Find and circle these words.

Last Supper   Amen   thanksgiving

Holy Communion   consecration   offering

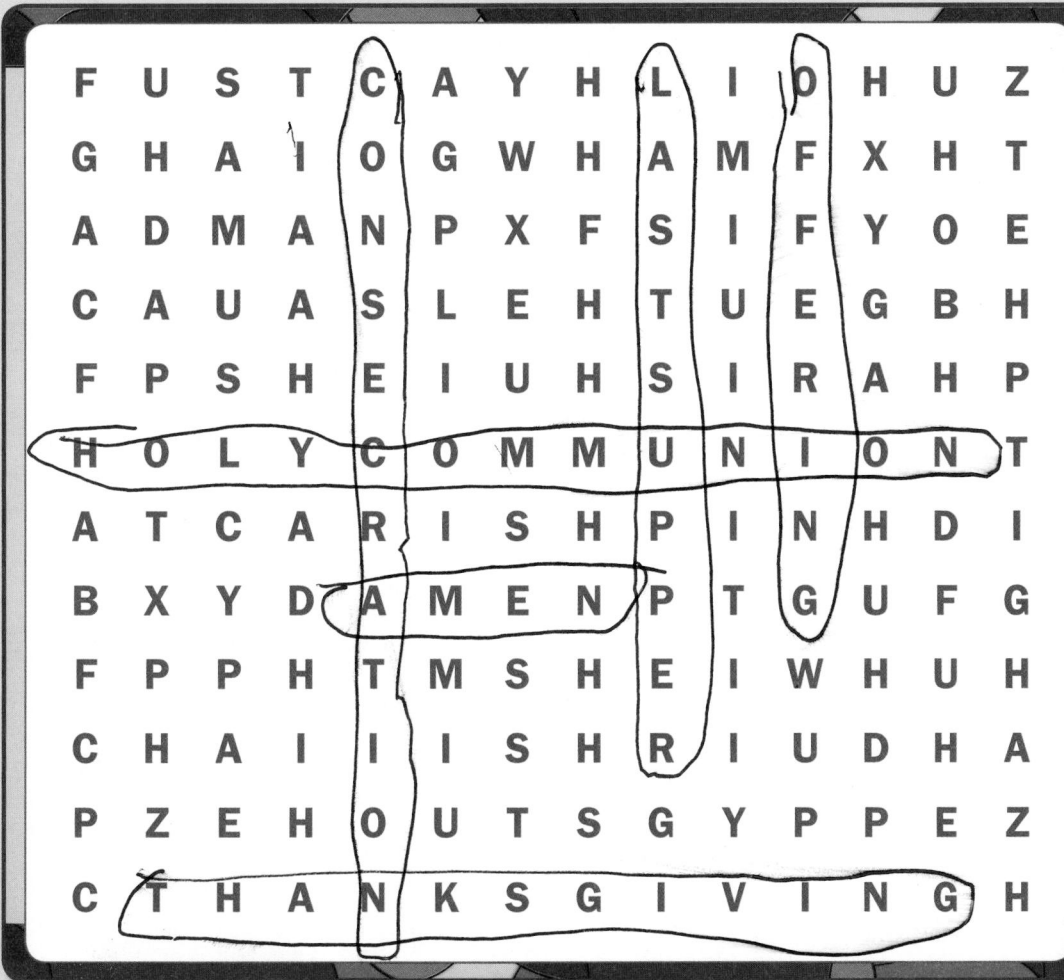

F	U	S	T	C	A	Y	H	L	I	O	H	U	Z
G	H	A	I	O	G	W	H	A	M	F	X	H	T
A	D	M	A	N	P	X	F	S	I	F	Y	O	E
C	A	U	A	S	L	E	H	T	U	E	G	B	H
F	P	S	H	E	I	U	H	S	I	R	A	H	P
H	O	L	Y	C	O	M	M	U	N	I	O	N	T
A	T	C	A	R	I	S	H	P	I	N	H	D	I
B	X	Y	D	A	M	E	N	P	T	G	U	F	G
F	P	P	H	T	M	S	H	E	I	W	H	U	H
C	H	A	I	I	I	S	H	R	I	U	D	H	A
P	Z	E	H	O	U	T	S	G	Y	P	P	E	Z
C	T	H	A	N	K	S	G	I	V	I	N	G	H

El amor que nos hace uno

Guía: Al trazar la señal de la cruz sobre nuestra frente, recordamos que el gran amor que Dios nos tiene nos hace hermanos y hermanas.

Hagan juntos la señal de la cruz.

Guía: Pidamos al Espíritu Santo que nos ayude a ser buenos escuchas y así prepararnos a escuchar la Palabra de Dios.

Ahora escuchemos, una vez más, el relato de la Última Cena.

(*Jesús cumple su promesa,* páginas 52–53)

Imagina que estás en una mesa con Jesús y los apóstoles. La mesa está servida con platillos muy especiales. En el centro de la mesa hay un cordero asado. Hay canastos llenos de pan y vasos llenos de vino. ¡Huele delicioso! Mira alrededor de la mesa. ¿Qué más ves?

Uno con Jesús

En la misa recordamos lo mucho que Jesús nos ama. Recordamos la manera en que compartió una cena con sus apóstoles. Recordamos la manera en que se ofreció a sí mismo como regalo. Jesús está con nosotros de una manera especial. Cuando lo recibimos en la Sagrada Comunión, nos hacemos uno con él y con los demás.

One with Jesus

At Mass, we remember how much Jesus loves us. We remember how he shared a meal with his apostles. We remember how he gave himself to them as a gift. Jesus is with us in a special way. When we receive him in Holy Communion, we are one with him and with one another.

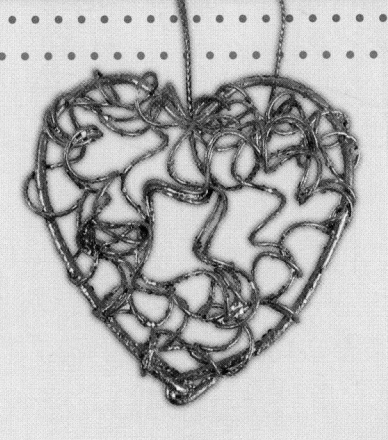

The Love That Makes Us One

Prayer Leader: As we pray the Sign of the Cross, we remember that God's great love for us makes us all brothers and sisters.

All pray the Sign of the Cross together.

Prayer Leader: To prepare ourselves to hear the Word of God, let's silently ask the Holy Spirit to help us be good listeners.

Now listen once more to the story of the Last Supper.

(Jesus Keeps His Promise, pages 52–53)

Imagine that you are at the table with Jesus and the apostles. The table is filled with plates of special food. In the center of the table is a roasted lamb. There are baskets of bread and glasses of wine. Everything smells delicious. Look around the table. What else do you notice?

Cuando hago oración

Recuerdo lo mucho que Jesús me ama. Le doy gracias por el regalo de sí mismo en la Eucaristía.

Ves a Jesús tomar un pedazo de pan de uno de los canastos. Todos guardan silencio cuando Jesús comienza la bendición. Mira a cada uno de ustedes y dice: "Este es mi cuerpo que será entregado por ustedes; hagan esto en conmemoración mía". ¿En qué piensas cuando escuchas esas palabras?

Es difícil entender las palabras de Jesús. Sin embargo, es fácil entender el amor que Jesús tiene por ti. Entiendes que estás unido a él en el amor. Jesús nos da el regalo de sí mismo porque nos ama mucho.

Agradécele a Jesús el gran amor que tiene por ti. Después, espera un momento en silencio y deja que él te hable.

Todos: Te doy gracias, Señor.
Te doy gracias de todo corazón,
porque siempre das cosas buenas
a quienes te aman. Amén.

adaptado del Salmo 138:1–2

You see Jesus take a piece of bread from the basket. Everyone grows silent when he starts to pray a blessing. He looks at each of you and says "This is my body, which will be given for you; do this in memory of me." What do you think about when you hear those words?

It is hard to understand Jesus' words. But it is easy to understand Jesus' love for you. You understand that you are united with him in love. Jesus gives us the gift of himself because he loves us all so much.

Thank Jesus for the great love he has for you. Then pause for a moment and let him speak to you.

All: I give thanks to you, O LORD.
I thank you with all my heart.
For you have given good things
To all those who love you. Amen.

adapted from Psalm 138:1–2

When I Pray

I remember how much I am loved by Jesus. I thank him for the gift of himself in the Eucharist.

Viviendo mi fe

Recuerdo lo que aprendo

- Jesús nos dio su Cuerpo y Sangre durante la Última Cena.
- El sacerdote pronuncia las palabras de consagración.
- Jesucristo está presente en la Sagrada Comunión mediante la acción del Espíritu Santo.
- La Sagrada Comunión es alimento para mi camino espiritual.

Vivo lo que aprendo

Escucho atentamente las palabras de Consagración durante la misa.

Creo que Jesucristo está realmente presente en la Eucaristía.

Me preparo para mi Primera Comunión.

¡Qué bien! ¡Aprendiste muchísimo en este capítulo!

Comparto con mi familia

Dios se hace presente para nosotros en la Sagrada Comunión. Habla con tu familia acerca de las ocasiones en que han sentido la presencia de Dios en tu hogar.

Conozco estas palabras

Consagración

Plegaria Eucarística

Última Cena

Oración final

Gracias, Jesús, por el regalo de tu Cuerpo y de tu Sangre. Ayúdame a amar profundamente la Eucaristía.

Asegúrate de leer las páginas 20–23 de *Mi libro de la misa*, para aprender más cosas.

Living My Faith

I Remember What I Learn

- Jesus gave us his Body and Blood at the Last Supper.
- The priest prays the words of consecration.
- Jesus Christ is present in Holy Communion through the action of the Holy Spirit.
- Holy Communion is food for my spiritual journey.

I Live What I Learn

I listen carefully to the words of consecration at Mass.

I believe that Jesus Christ is really present in the Eucharist.

I prepare myself for my first Holy Communion.

Oh my! You really learned a lot in this chapter!

I Share with My Family

Christ is present to us in Holy Communion. Talk with your family about the times you feel God's presence in your home too.

I Know These Words

consecration

Eucharistic Prayer

Last Supper

Closing Prayer

Thank you, loving Jesus, for the gift of your Body and Blood. Help me to have a great love for the Eucharist.

Be sure to read pages 20–23 in your Mass booklet to learn more.

Recibiendo

Es bueno para ti

Todos queremos mantenernos sanos.
Esto significa que necesitamos consumir
alimentos que nos fortalezcan y nos den
energía. Traza un círculo sobre el nombre
de los alimentos que representan una
opción saludable.

zanahorias	frijolitos de dulce	pollo
nachos	leche	refresco
avena	manzanas	pan de trigo
queso	helados	magdalenas

*Jesús, pan de vida, fortaléceme para hacer
tu voluntad.*

Chapter 7

Receiving

Good for You

We all want to be healthy. That means we eat foods that make us strong and give us energy. Circle the foods below that are healthy choices.

carrots	jelly beans	chicken
potato chips	milk	soda pop
oatmeal	apples	wheat bread
cheese	ice pops	cupcakes

*Jesus, Bread of Life, strengthen me
to do your will.*

61

Los primeros cristianos

Durante la Última Cena, Jesús les dijo a sus apóstoles: "Hagan esto en conmemoración mía". Los primeros cristianos obedecieron el mandato de Jesús. Se reunían en sus casas. Cantaban himnos. Alababan a Dios. Aprendieron más y más acerca de lo que Jesús dijo y enseñó.

The Early Christians

At the Last Supper, Jesus told the apostles, "Do this in memory of me." The early Christians did what Jesus wanted. They gathered in one another's homes. They sang hymns. They praised God. They learned more about what Jesus said and taught.

La gente también recordó lo que Jesús hizo la noche de la Última Cena. Hicieron lo que Jesús les pidió que hicieran. Bendijeron el pan y lo compartieron. Bendijeron la copa de vino. Recibieron el Cuerpo y la Sangre de Cristo.

adaptado de los Hechos de los Apóstoles 2:42–47

The people also remembered what Jesus did on the night of the Last Supper. They remembered what Jesus told them to do. They blessed and broke the bread. They blessed the chalice of wine. They received the Body and Blood of Christ.

adapted from Acts of the Apostles 2:42–47

Rito de la Comunión

Nos preparamos para recibir la Sagrada Comunión durante la misa. Oramos como Jesús nos enseñó. Recitamos el Padrenuestro.

Completa los espacios en blanco con las palabras que faltan, de tal manera que puedas orarlo junto con el sacerdote y el pueblo durante la misa.

Padre nuestro, que estás en el cielo.

Santificado sea tu _____;

venga a nosotros tu reino;

hágase tu _____,

en la tierra como en el cielo.

Danos hoy nuestro _____ de cada día;

perdona nuestras ofensas,

como también nosotros _____

a los que nos ofenden;

no nos dejes caer en la tentación,

y _____ del mal.

Amén.

Communion Rite

We get ready to receive Holy Communion at Mass. We pray as Jesus taught us. We pray the Lord's Prayer.

Fill in the missing words so that you can pray with the priest and the people at Mass.

Our Father, who art in heaven,

hallowed be thy _____;

thy kingdom come,

thy _____ be done

on earth as it is in heaven.

Give us this day our daily _____,

and forgive us our trespasses,

as we _____ those who trespass
  against us;

and lead us not into temptation,

but _____ us from evil.

Amen.

El sacerdote continúa la oración. Nuevamente le pide a Dios que nos proteja de todo mal y que nos conceda la paz. Le pide a Dios que vivamos siempre libres de pecado y llenos de esperanza.

Juntos contestamos:

Tuyo es el reino, tuyo el poder y la gloria, por siempre, Señor.

Luego del Padrenuestro continuamos con el Rito de la Paz. En este momento compartimos un signo de paz entre nosotros e imploramos la misericordia de Dios.

The priest continues to pray. He asks God again to protect us from evil and to give us peace. He prays that we will be free from sin and full of hope.

Then together we say:

> For the kingdom,
> the power and the glory are yours
> now and for ever.

The Sign of Peace follows the Lord's Prayer. At this time, we share a sign of peace with one another and pray for God's mercy.

I Think About This

The Lord's Prayer is also called the Our Father. It is the prayer that Jesus taught us.

Recibiendo la Sagrada Comunión

Cantamos mientras procesamos para recibir la Sagrada Comunión. Inclinamos la cabeza antes de recibir la **hostia**. El sacerdote o ministro extraordinario de la Sagrada Comunión, dice:

El Cuerpo de Cristo.

Respondemos:

Amén.

Este es nuestro "sí". Significa que realmente creemos que estamos recibiendo a Jesucristo. Después, el sacerdote coloca la hostia en nuestra mano o sobre nuestra lengua.

Cuando recibimos la Sangre de Cristo, nuevamente inclinamos la cabeza y respondemos:

Amén.

Después bebemos del **cáliz**.

Receiving Holy Communion

We sing as we come in procession to receive Holy Communion. Before we receive the **host,** we bow our heads. The priest, the deacon, or the extraordinary minister of Holy Communion says:

The Body of Christ.

We answer:

Amen.

This is our yes. It means we really believe that we are receiving Jesus Christ. The priest then places the host in our hand or on our tongue.

When we receive the Blood of Christ, we again bow our heads and answer:

Amen.

Then we drink from the **chalice.**

Orando después de la Comunión

Escucho la Palabra de Dios

¡Demos gracias a Dios por este gran regalo!

adaptado de 2 Corintios 9:15

Me pregunto, ¿qué le estará diciendo a Jesús?

Después de recibir la Sagrada Comunión, regresamos a nuestro lugar. Jesús ha venido a nosotros. Él es nuestro alimento espiritual. Él nos da la gracia y la fuerza necesarias para ser sus seguidores. Nos ayuda a evitar, en un futuro, el pecado. Le damos la bienvenida en nuestro corazón. Después, una vez que todas las personas han comulgado, oramos en silencio.

Piensa en lo que te gustaría decirle a Jesús una vez que hayas recibido tu Primera Comunión. A continuación, escribe tu propia oración.

_____

_____

_____

_____

Praying After Communion

After we receive Holy Communion, we return to our place in church. Jesus has come to us. He is our spiritual food. He gives us the grace and strength we need to be his followers. He helps us to avoid sin in the future. We welcome him into our hearts. Then, after everyone has received Communion, we pray in silence.

Think about what you will want to say to Jesus after you receive your first Holy Communion. Write your prayer here.

_____

_____

_____

_____

I Listen to God's Word

Thanks be to God for his great gift!

adapted from 2 Corinthians 9:15

I wonder what she's saying to Jesus.

Todo lo que necesitamos

Guía: Cuando los apóstoles pidieron a Jesús que les enseñara a orar, les enseñó el Padrenuestro. Mientras lo rezamos todos juntos pausadamente, pensemos en lo que significa hoy para nosotros.

Todos: Padre nuestro, que estás en el cielo, santificado sea tu nombre.

Guía: Dios es nuestro Padre. Él nos creó. Nos ama plenamente. Su nombre es santo. Nos dirigimos a él con respeto y devoción.

Todos: Venga a nosotros tu reino; hágase tu voluntad en la tierra como en el cielo.

Guía: Crecemos en santidad al cuidar de la creación. Damos testimonio de que cuidamos de las demás personas, de la naturaleza y de nosotros mismos.

Todos: Danos hoy nuestro pan de cada día;

Orando el Padrenuestro

Jesús enseñó a sus apóstoles a recitar el Padrenuestro. También nosotros conocemos esa oración. Cuando la oramos juntos, recordamos que Dios es nuestro Padre. Todos somos sus hijos e hijas. Dios quiere que tengamos todo lo necesario.

All That We Need

Prayer Leader: When his apostles asked Jesus how to pray, he taught them the Our Father. As we pray it slowly together, let's think about what it means for us today.

All: Our Father, who art in heaven,
hallowed be thy name;

Prayer Leader: God is our Father. He made us. He loves us. His name is holy. We speak it reverently, with respect.

All: thy kingdom come,
thy will be done
on earth as it is in heaven.

Prayer Leader: We grow in holiness when we care for God's creation. We show that we care for nature, for ourselves, and for other people.

All: Give us this day our daily bread,

Cuando hago oración

Puedo pedir lo que necesito. Sé que Dios escucha mi oración.

Guía: Dios es generoso. Todo lo que tenemos es un regalo de él. Dios quiere que tengamos todo lo necesario.

Todos: perdona nuestras ofensas, como también nosotros perdonamos a los que nos ofenden;

Guía: Dios quiere que perdonemos a las demás personas, así como él nos perdona.

Todos: no nos dejes caer en la tentación, y líbranos del mal. Amén.

Guia: Dios es nuestro Padre. Él nos da la gracia para que sigamos a Jesús. Le damos gracias al orar juntos:

Todos: Te alabamos y te damos gracias, Dios del amor, por habernos dado a Jesucristo, tu hijo. Amén.

Prayer Leader: God is generous. All that we have is a gift from him. He wants us to have everything we need.

All: and forgive us our trespasses, as we forgive those who trespass against us;

Prayer Leader: God wants us to forgive others, just as he forgives us.

All: and lead us not into temptation, but deliver us from evil. Amen.

Prayer Leader: God is our Father. He gives us the grace to follow Jesus. We thank him as we pray together:

All: We praise and thank you, loving God, through Jesus Christ, your Son. Amen.

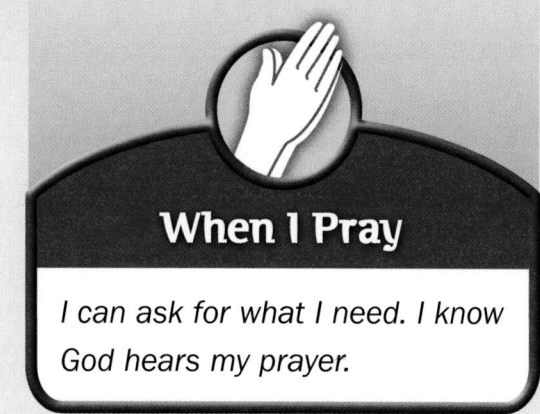

When I Pray

I can ask for what I need. I know God hears my prayer.

Viviendo mi fe

Recuerdo lo que aprendo

- Los primeros cristianos recibieron el Cuerpo y la Sangre de Cristo.
- Durante la misa recitamos el Padrenuestro.
- Respondo "Amén" al recibir la Sagrada Comunión.

Vivo lo que aprendo

Aprendo las palabras del Padrenuestro.

Creo que Cristo está verdaderamente presente en el pan y el vino consagrados.

Le doy gracias a Jesús por invitarme a recibirlo en la Sagrada Comunión.

No te preocupes. Guardaré silencio mientras haces oración.

Comparto con mi familia

Jesús se nos da a sí mismo en la Eucaristía. Junto con tu familia, menciona algunas de las maneras en que comparten su amor y su tiempo con los demás.

Conozco estas palabras

cáliz

hostia

Oración final

Gracias Jesús, por enseñarme a orar.
Ayúdame a abrirte el corazón.

Asegúrate de leer las páginas 24–30 de *Mi libro de la misa*, **para aprender más cosas.**

Living My Faith

I Remember What I Learn

- The first Christians received the Body and Blood of Christ.
- We pray the Lord's Prayer at Mass.
- I say "Amen" when receiving Holy Communion.

I Live What I Learn

I learn the words of the Our Father.

I believe that Christ is truly present in the consecrated bread and wine.

I thank Jesus for inviting me to receive him in Holy Communion.

Don't worry. I'll be very quiet while you pray.

I Share with My Family

Jesus shares himself with us in the Eucharist. With your family, name ways each of you shares your time and love with others.

I Know These Words

chalice

host

Closing Prayer

Thank you, Jesus, for teaching me to pray. Help me to open my heart to you.

Be sure to read pages 24–30 in your Mass booklet to learn more.

Viajando

De camino

Entre las cosas divertidas que tiene el salir fuera de casa es prepararse para el viaje. Imagina que vas de vacaciones o a acampar. Estarás fuera durante algún tiempo. ¿Cuáles son las tres cosas esenciales que empacarías en tu maleta?

1. _____

2. _____

3. _____

Jesús, amigo fiel, ayúdame a caminar contigo a fin de que pueda llevar tu Palabra a los demás y a vivir en tu amor.

Chapter 8

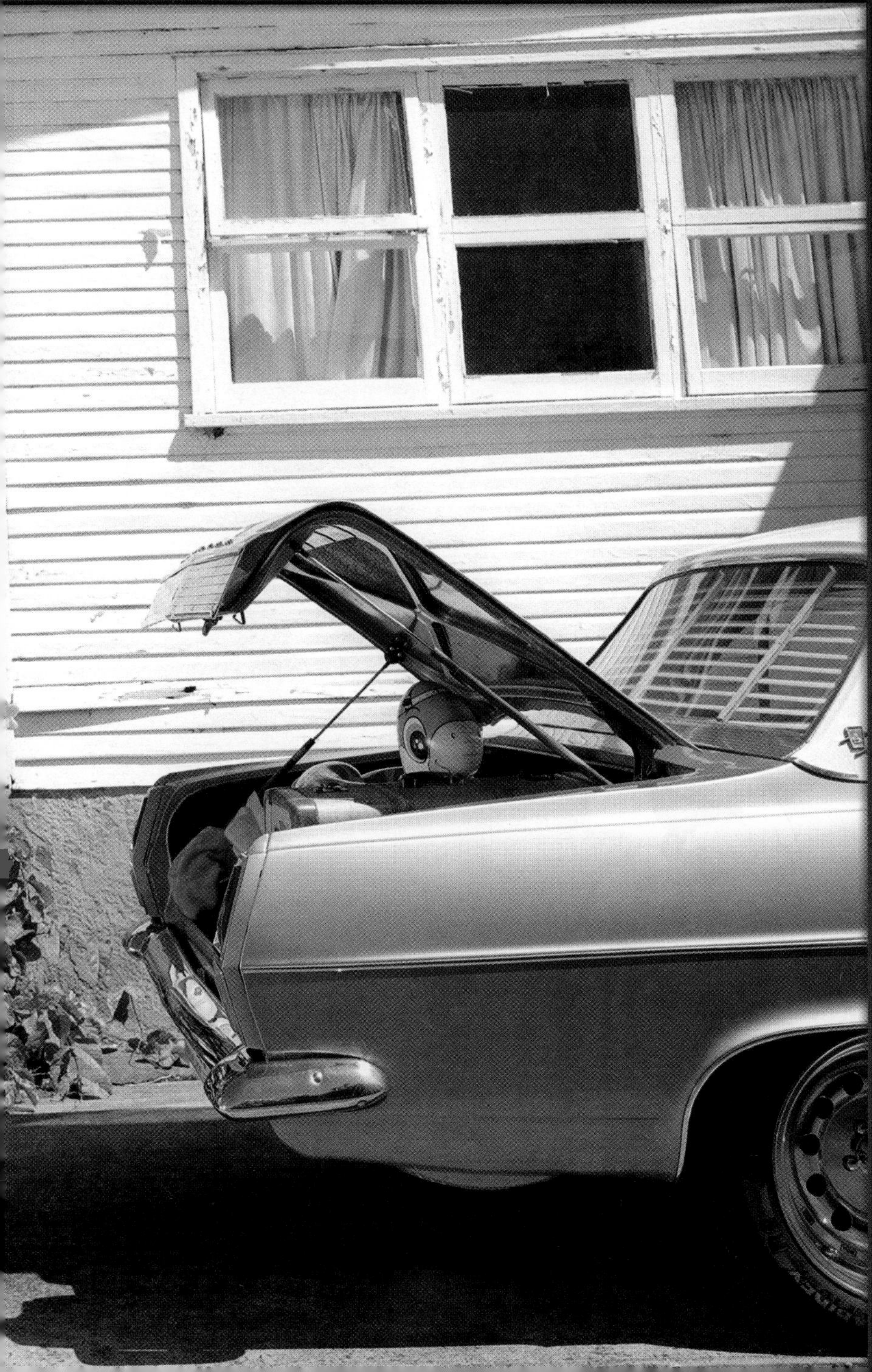

Journeying

On the Way

Part of the fun of going away is getting ready. Imagine you're going on vacation or to camp. You'll be away for a while. What three things will you be sure to pack in your suitcase?

1. cloths/Shose
2. ~~ele~~ iPaD
3. toys/Stuffep amamals

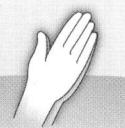

Jesus, faithful friend, help me to walk with you so that I can spread your Word to others and live in your love.

El hombre del camino

El Evangelio de Lucas nos cuenta la historia de dos discípulos de Jesús que estaban de viaje. Iban saliendo de Jerusalén. Jesús, su amigo, había muerto en la cruz, precisamente en Jerusalén.

Mientras iban de camino, los dos amigos se encontraron con un hombre que también iba caminando. Éste les preguntó por qué iban tan tristes. Le dijeron que su amigo Jesús había muerto. Algunas mujeres habían dicho que Jesús había resucitado de entre los muertos, pero no sabían si creer o no en aquella noticia.

Aquel hombre comenzó a caminar con los dos amigos. Les recordó que las Escrituras decían que Dios enviaría a un Salvador que sufriría, moriría y después entraría en el cielo.

The Man on the Road

Two of Jesus' followers were on a journey. They were leaving Jerusalem. Jesus, their friend, had died on the cross there.

Along the way, the two friends met a man on the road. He asked them why they were so sad. They told him that their friend Jesus had died. Some women had said that Jesus had risen from the dead, but they were not sure what to believe.

The man began to walk with the two friends. He reminded them that the Scriptures said that God would send a savior who would suffer, die, and then enter heaven.

Al caer la tarde, los tres viajeros llegaron a un pueblo. Los dos amigos invitaron a su acompañante a que compartiera la cena con ellos. Durante la cena, aquél hombre tomó pan, lo bendijo, lo partió y se los dio.

¡En aquel momento, los amigos supieron que este hombre era Jesús resucitado! Fue entonces que Jesús desapareció.

Los dos amigos regresaron muy contentos a Jerusalén. Les dijeron a todos los demás que habían visto a Jesús resucitado.

adaptado de Lucas 24:13–35

As evening came, the three travelers arrived at a village. The two friends invited the man to stay for dinner with them. At dinner, the man took bread, blessed it, broke it, and gave it to them.

At that moment, the friends knew that this man was the risen Jesus! Then Jesus disappeared.

The friends went happily back to Jerusalem. They told everyone there that they had seen the risen Jesus.

adapted from Luke 24:13–35

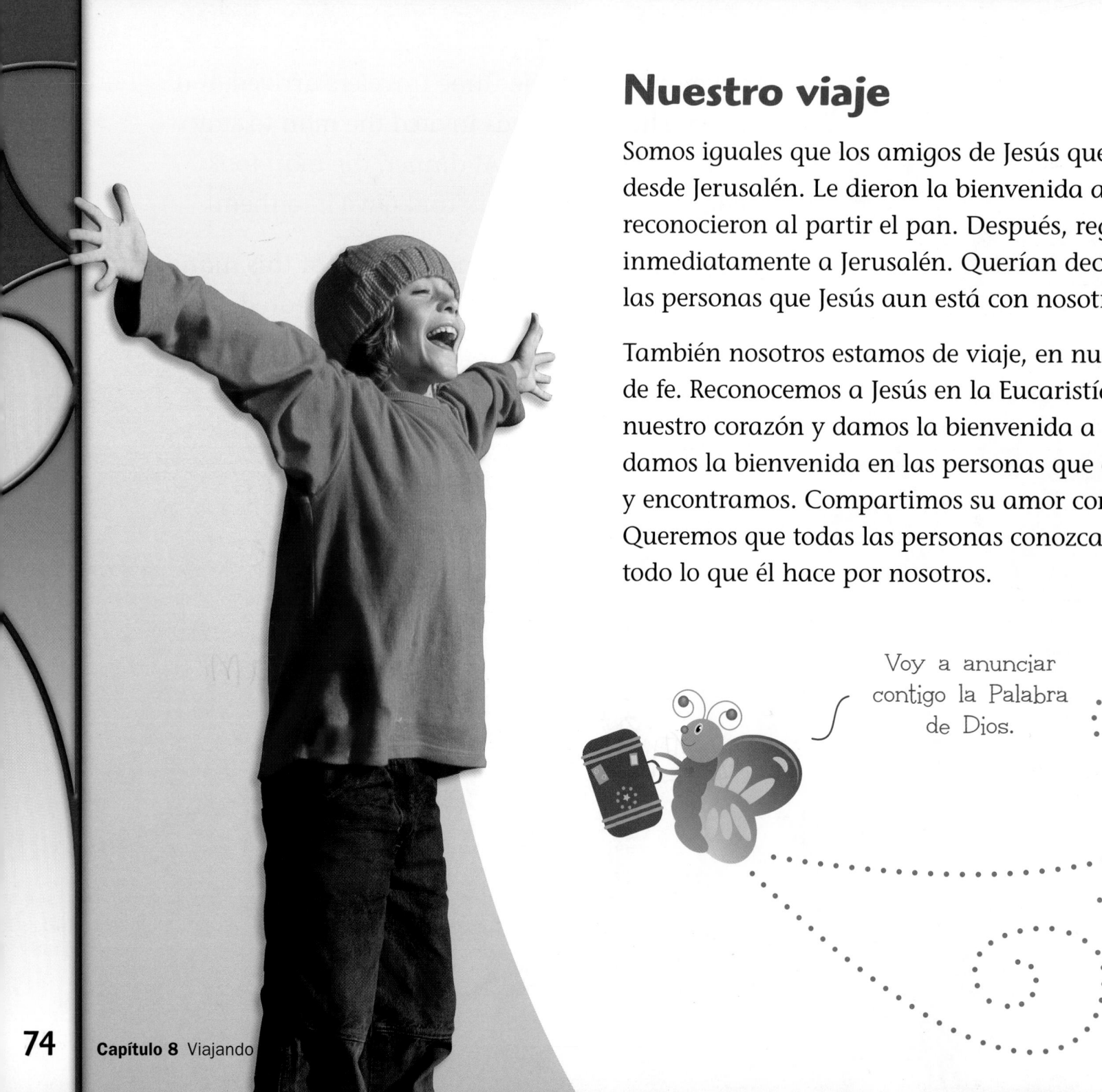

Nuestro viaje

Somos iguales que los amigos de Jesús que viajaban desde Jerusalén. Le dieron la bienvenida a Jesús. Lo reconocieron al partir el pan. Después, regresaron inmediatamente a Jerusalén. Querían decir a todas las personas que Jesús aun está con nosotros.

También nosotros estamos de viaje, en nuestro viaje de fe. Reconocemos a Jesús en la Eucaristía. Abrimos nuestro corazón y damos la bienvenida a Jesús. Le damos la bienvenida en las personas que conocemos y encontramos. Compartimos su amor con los demás. Queremos que todas las personas conozcan a Jesús y todo lo que él hace por nosotros.

Voy a anunciar contigo la Palabra de Dios.

Our Journey

We are like Jesus' friends on their journey from Jerusalem. They welcomed Jesus. They knew him in the breaking of the bread. Then they went back to Jerusalem. They wanted to tell everyone that Jesus is still with us.

We too are on a journey—our journey of faith. We recognize Jesus in the Eucharist. We welcome Jesus into our hearts. We welcome him in the people we meet. We share his love with others. We want everyone to know about Jesus and all that he does for us.

I'm going to spread the Word with you.

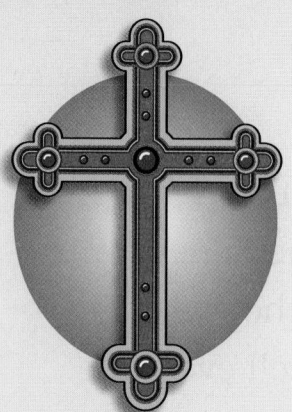

Bendición final

Después de haber recibido la Sagrada Comunión, tomamos un poco de tiempo para sentarnos o arrodillarnos en silencio. Es un momento para darle gracias a Jesús.

A continuación, el sacerdote se pone de pie para darnos la bendición final. También nos ponemos de pie. El sacerdote o diácono a veces nos pide que inclinemos nuestra cabeza para recibir la bendición de Dios. El sacerdote le pide a Dios que nos otorgue diferentes gracias.

Entonces, nos santiguamos mientras el sacerdote dice:

La bendición de Dios todopoderoso,
Padre, Hijo y Espíritu Santo,
descienda sobre ustedes.

Contestamos:

Amén.

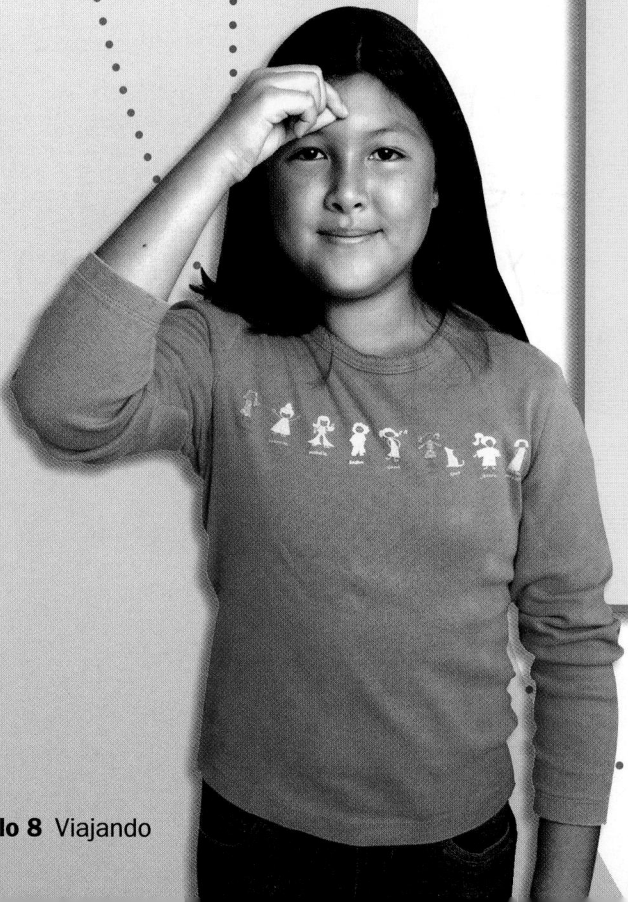

Final Blessing

After we have received Holy Communion, we take time to sit or kneel quietly. It is a time to thank Jesus.

Then, the priest stands for the Final Blessing. We stand too. Sometimes the priest or deacon tells us to bow our heads and pray for God's blessing. He asks God for a number of special graces for us.

Then we bless ourselves as the priest prays:

May almighty God bless you,
the Father, and the Son, and the Holy Spirit.

We answer:

Amen.

Escucho la Palabra de Dios

Jesús dijo: "La paz les dejo, mi paz les doy".

Juan 14:27

Despedida

El sacerdote o diácono nos dice:

Pueden ir en paz.

Respondemos:

Demos gracias a Dios.

Nuestra celebración de la misa ha concluido. Hemos orado junto con nuestra familia parroquial. Ahora salimos de la iglesia y continuamos viviendo nuestra vida diaria. Nuestra misión es vivir lo que hemos celebrado. Hemos sido enviados a amar y servir a Dios amando y sirviendo a las demás personas.

Continuaremos recibiendo la Sagrada Comunión tantas veces como nos sea posible. Continuaremos alabando a Dios viviendo una vida santa.

Dismissal

The priest or deacon then tells us:

Go in peace, glorifying the Lord by your life.

We answer:

Thanks be to God.

Our celebration of the Mass is ended. We have prayed with our parish family. Now we leave church and go about our daily lives. Our mission is to live what we celebrated. We have been sent to glorify the Lord by loving and serving God and others.

We will continue to receive Holy Communion as often as we can. We will continue to praise God by living holy lives.

I Listen to God's Word

Jesus said, "Peace I leave with you; my peace I give to you."

John 14:27

Amando y sirviendo a los demás

Escribe o dibuja en cada una de estos edificios algo que podrías hacer para llevar el amor de Jesús a las demás personas.

Loving and Serving Others

In each of the buildings, write or draw something you can do to glorify the Lord by bringing the love of Jesus to others.

Bendecidos y enviados

Hagan juntos la señal de la cruz.

Guía: Al igual que los dos amigos que se encontraron con Jesús a lo largo del camino, también nosotros nos encontramos con Jesús. Conversamos con él y le abrimos nuestro corazón. Dentro de poco tiempo, ustedes compartirán el alimento sagrado del sacramento de la Eucaristía. Abramos nuestro corazón a Jesús, quien nos envía a amar y servir a los demás.

Señor Jesús, tú bendices mi vida con tu continua presencia.

Respuesta: Envíame con tu alegría.

Guía: Señor Jesús, tú me bendices con tu Palabra escrita en los Evangelios.

Respuesta: Envíame con tu paz.

Guía: Señor Jesús, tú me bendices con el deseo de recibirte en la Sagrada Comunión.

Respuesta: Envíame con tu amor.

Enviados a compartir

El recibir a Jesús en la Sagrada Comunión constituye un hermoso regalo. Es un regalo para ser compartido. Jesús se da a sí mismo a nosotros para que compartamos su amor con las demás personas.

Sent to Share

Receiving Jesus Christ in Holy Communion is a wonderful gift. It's a gift that is meant to be shared. Jesus gives himself to us so that we can share his love with others.

Blessed and Sent

Pray the Sign of the Cross together.

Prayer Leader: Just like the two friends who met Jesus on the road, we meet Jesus. We talk with him and open our hearts to him. Soon you will share in the holy meal of the Sacrament of the Eucharist. Let us open our hearts to Jesus, who sends us to love and serve others.

Lord Jesus, you bless me with your presence in my life.

Response: Send me with your joy to glorify the Lord.

Prayer Leader: Lord Jesus, you bless me with your Word in the Gospels.

Response: Send me with your peace to glorify the Lord.

Prayer Leader: Lord Jesus, you bless me with the desire to receive you in Holy Communion.

Response: Send me with your love to glorify the Lord.

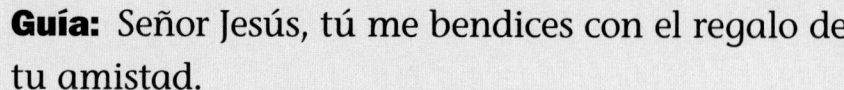

Cuando hago oración

Pido la bendición de Dios para mí y para las demás personas.

Guía: Señor Jesús, tú me bendices con el regalo de tu amistad.

Respuesta: Envíame con tu gracia.

Guía: Dios, Padre nuestro, tú nos amas. Guárdanos siempre bajo tu cuidado.

Respuesta: Amén.

Guía: Jesús, tú eres nuestro amigo y hermano. Llena nuestro corazón de tu eterno amor.

Respuesta: Amén.

Guía: Espíritu Santo, tú nos fortaleces. Ayúdanos a vivir una vida de amor y servicio.

Respuesta: Amén.

Guía: Vayamos en paz a amar y servir al Señor.

Respuesta: Demos gracias a Dios.

Hagan juntos la señal de la cruz.

Prayer Leader: Lord Jesus, you bless me with the gift of being your friend.

Response: Send me with your grace to glorify the Lord.

Prayer Leader: God our Father, you love us. Keep us always in your care.

Response: Amen.

Prayer Leader: Jesus, you are our friend and brother. Fill our hearts with unending love.

Response: Amen.

Prayer Leader: Holy Spirit, you strengthen us. Help us to live a life of love and service.

Response: Amen.

Prayer Leader: Go in peace, glorifying the Lord by your life.

Response: Thanks be to God.

Pray the Sign of the Cross together.

When I Pray

I ask for God's blessing for myself and for others.

Viviendo mi fe

Recuerdo lo que aprendo

- Los amigos de Jesús lo reconocieron al partir el pan.
- Encontraré a Jesús en la Sagrada Comunión.
- Soy enviado a llevar el amor de Jesús a los demás.

Vivo lo que aprendo

Amo a Jesús.

Sigo a Jesús.

Recibiré a Jesucristo en la Sagrada Comunión.

Llevaré su amor y paz a los demás.

Amigo mío, ve siempre en paz.

Comparto con mi familia

Después de la misa somos enviados a llevar a Cristo a los demás. Dialoga con tu familia respecto a lo que recordarás y llevarás contigo de tu preparación para la Sagrada Comunión.

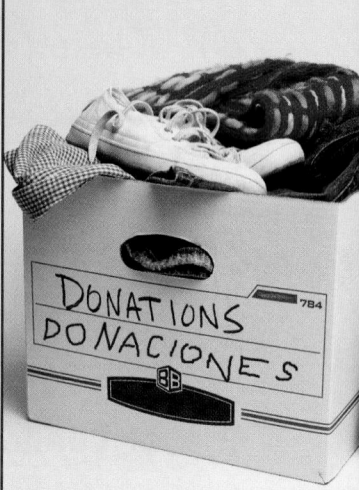

Oración final

Gracias, Jesús, por este momento especial de preparación. Ayúdame a esperar siempre el recibirte con alegría.

Asegúrate de leer las páginas 31–32 de *Mi libro de la misa*, para aprender más cosas.

Living My Faith

I Remember What I Learn

- The friends of Jesus knew him in the breaking of the bread.
- I will meet Jesus in Holy Communion.
- I am sent to bring Jesus' love to others.

I Live What I Learn

I love Jesus.

I follow Jesus.

I will receive Jesus Christ in Holy Communion.

I will bring his peace and love to others.

Friend, always go in peace.

I Share with My Family

After Mass, we are sent to bring Christ's love to others. Discuss with your family what you will remember and bring from your preparation for Holy Communion.

Closing Prayer

Thank you, Jesus, for this special time of preparation. Help me to always look forward to receiving you with joy.

Be sure to read pages 31–32 in your Mass booklet to learn more.

Vivo mi fe

Celebro el día del Señor

El domingo es el día en que celebramos la Resurrección de Jesús. El domingo es el día del Señor. Comenzamos nuestra celebración del día del Señor el sábado en la noche. Nos reunimos en la misa para celebrar el día del Señor. Descansamos de nuestro trabajo. Pasamos tiempo con nuestra familia y hacemos cosas por las demás personas. Personas por todo el mundo se reúnen en torno a la mesa eucarística como hermanos y hermanas.

I Live My Faith

I Celebrate the Lord's Day

Sunday is the day on which we celebrate the Resurrection of Jesus. Sunday is the Lord's Day. We begin our celebration of the Lord's Day on Saturday evening. To celebrate the Lord's Day, we gather for Mass. We rest from work. We spend time with our families and do things for others. People all over the world gather at God's Eucharistic Table as brothers and sisters.

Orden de la misa

La misa es la cumbre, el punto más alto de nuestra vida como católicos. Siempre sigue un orden establecido.

Ritos Iniciales

Nos reunimos como comunidad para celebrar la presencia de Dios en nuestra vida. Alabamos a Dios juntos, cantando durante la **procesión de entrada.**

Recitamos y trazamos la **señal de la cruz.** A continuación, el sacerdote nos recibe con el **saludo inicial:**

Sacerdote: La gracia de nuestro Señor Jesucristo, el amor del Padre y la comunión del Espíritu Santo estén con todos ustedes.

Pueblo: Y con tu espíritu.

The Order of Mass

Mass is the high point of our faith life as Catholics. It always follows a set order.

Introductory Rites

We gather as a community to celebrate God's presence in our lives. We praise God singing together the **Entrance Chant.**

We all pray the **Sign of the Cross.** Then the priest greets us in the words of the **Greeting:**

Priest: The grace of our Lord Jesus Christ,
and the love of God,
and the communion of the Holy Spirit
be with you all.

People: And with your spirit.

Acto Penitencial

Reconocemos nuestros pecados e imploramos la misericordia de Dios. Quizás el sacerdote nos invite a recitar la siguiente oración:

Yo confieso ante Dios todopoderoso
y ante ustedes, hermanos,
que he pecado mucho
de pensamiento, palabra, obra y omisión.
Por mi culpa, por mi culpa, por mi gran culpa.
Por eso ruego a santa María, siempre Virgen,
a los ángeles, a los santos,
y a ustedes, hermanos,
que intercedan por mí ante Dios,
nuestro Señor.

Kyrie (Senor, ten piedad)

A continuación, oramos implorando la misericordia y el perdón de Dios:

Sacerdote: Señor, ten piedad.
Pueblo: Señor, ten piedad.

Sacerdote: Cristo, ten piedad.
Pueblo: Cristo, ten piedad.

Sacerdote: Señor, ten piedad.
Pueblo: Señor, ten piedad.

Sacerdote: Dios todopoderoso, tenga misericordia de nosotros, perdone nuestros pecados y nos lleve a la vida eterna.
Pueblo: Amén.

Penitential Act

We acknowledge our sinfulness and ask God for mercy. The priest may invite us to pray this prayer:

I confess to almighty God
and to you, my brothers and sisters,
that I have greatly sinned,
in my thoughts and in my words,
in what I have done and in what I have
  failed to do,
  Then we strike our breast and say:
through my fault, through my fault,
through my most grievous fault;
therefore I ask blessed Mary ever-Virgin,
all the Angels and Saints,
and you, my brothers and sisters,
to pray for me to the Lord our God.

Kyrie

Then we pray for God's mercy and forgiveness:

Priest: Lord, have mercy.
People: Lord, have mercy.

Priest: Christ, have mercy.
People: Christ, have mercy.

Priest: Lord, have mercy.
People: Lord, have mercy.

Priest: May almighty God have mercy
    on us,
forgive us our sins,
and bring us to everlasting life.
People: Amen.

Gloria

Juntos, alabamos a Dios cantando o recitando el Gloria.

Gloria a Dios en el cielo,
   y en la tierra paz a los hombres
que ama el Señor.

Por tu inmensa gloria
   te alabamos, te bendecimos,
   te adoramos, te glorificamos,
      te damos gracias,
Señor Dios, Rey celestial,
Dios Padre todopoderoso,
Señor, Hijo único, Jesucristo.

Señor Dios, Cordero de Dios, Hijo del Padre;
tú que quitas el pecado del mundo,
ten piedad de nosotros;
tú que quitas el pecado del mundo,
atiende nuestra súplica;
tú que estás sentado a la derecha del Padre,
ten piedad de nosotros;
porque sólo tú eres Santo,
sólo tú Señor, sólo tú Altísimo, Jesucristo,
   con el Espíritu Santo
   en la gloria de Dios Padre. Amén.

Oración Colecta

Le pedimos a Dios que escuche nuestras oraciones. Primero, todos oramos en silencio. Después, el sacerdote ora en voz alta y respondemos: "Amén".

Gloria

Together we praise God in prayer by singing or saying the *Gloria.*

Glory to God in the highest,
and on earth peace to people of good will.

We praise you,
we bless you,
we adore you,
we glorify you,
we give you thanks for your great glory,
Lord God, heavenly King,
O God, almighty Father.

Lord Jesus Christ, Only Begotten Son,
Lord God, Lamb of God, Son of the Father,
you take away the sins of the world,
    have mercy on us;
you take away the sins of the world,
    receive our prayer;
you are seated at the right hand of the
  Father,
    have mercy on us.

For you alone are the Holy One,
you alone are the Lord,
you alone are the Most High,
Jesus Christ,
with the Holy Spirit,
in the glory of God the Father.
Amen.

Collect Prayer

We ask God to hear our prayers. First, we all pray in silence. Then the priest prays aloud, and we respond "Amen."

Liturgia de la Palabra

Escuchamos la Palabra de Dios proclamada en la Sagrada Escritura. Permanecemos sentados durante las dos primeras lecturas. Nos ponemos de pie para la proclamación del Evangelio. Escuchamos la homilía y oramos para que la Palabra de Dios eche raíces en nuestro corazón.

Primera Lectura

Escuchamos la Palabra de Dios, normalmente tomada del Antiguo Testamento. Honramos a la Palabra de Dios con nuestra respuesta.

Lector: Palabra de Dios.
Pueblo: Te alabamos, Señor.

Salmo Responsorial

Respondemos a la Palabra de Dios con un salmo. El lector o el cantor nos invita a orar un salmo, usualmente cantado.

Segunda Lectura

Escuchamos la Palabra de Dios tomada del Nuevo Testamento: de los Hechos de los Apóstoles, de una de las Cartas o del libro del Apocalipsis. Le damos gracias a Dios por dirigirnos su Palabra.

Lector: Palabra de Dios.
Pueblo: Te alabamos, Señor.

Liturgy of the Word

We listen to God's Word proclaimed from Sacred Scripture. We sit during the first two readings. We stand as the Gospel is proclaimed. We listen to the homily and pray that God's Word will take root in our hearts.

First Reading

We listen to God's Word, usually from the Old Testament or the Acts of the Apostles. We honor God's Word by our response.

Lector: The word of the Lord.
People: Thanks be to God.

Responsorial Psalm

We respond to God's Word in the Psalm. The lector or cantor invites us to pray the words of the Psalm, usually in song.

Second Reading

We listen to God's Word from the books of the New Testament: one of the Letters or the Book of Revelation. We thank God for speaking his Word to us.

Lector: The word of the Lord.
People: Thanks be to God.

El Evangelio

Nos ponemos de pie y, excepto durante la Cuaresma, cantamos "¡Aleluya!" para alabar a Dios por la Buena Nueva que vamos a escuchar en el Evangelio. Nos preparamos para escuchar una lectura de uno de los Evangelios.

Sacerdote o diácono: El Señor esté con ustedes.
Pueblo: Y con tu espíritu.

Sacerdote o diácono: Lectura del santo Evangelio según san…
Pueblo: Gloria a ti, Señor.

Entonces, todos trazamos la señal de la cruz sobre nuestra frente, labios y corazón. Oramos para que la Palabra de Dios esté en nuestra mente, labios y corazón.

El sacerdote o el diácono proclama el Evangelio. Alabamos a Dios por la Buena Nueva que hemos escuchado en el Evangelio.

Sacerdote o diácono: Palabra del Señor.
Pueblo: Gloria a ti, Señor Jesús.

La homilía

Nos sentamos y escuchamos al sacerdote o al diácono explicar la Palabra de Dios. Nos ayuda a entender cómo vivir lo que hemos escuchado.

Gospel Reading

We stand and, except during Lent, we sing "Alleluia!" to praise God for the Good News we will hear in the Gospel. We prepare to listen to a reading from one of the Gospels.

Priest or deacon: The Lord be with you.
People: And with your spirit.

Priest or deacon: A reading from the holy Gospel according to . . .
People: Glory to you, O Lord.

Then all trace a cross on their foreheads, lips, and hearts. We pray that God's Word will be in our minds, on our lips, and in our hearts.

The priest or deacon proclaims the Gospel. We offer praise for the Good News we hear in the Gospel.

Priest or deacon: The Gospel of the Lord.
People: Praise to you, Lord Jesus Christ.

Homily

We sit and listen as the priest or deacon explains God's Word. He helps us understand how to live out what we have heard.

La profesión de fe

Nos ponemos de pie para proclamar
el Credo Niceno.

Creo en un solo Dios,
Padre todopoderoso,
Creador del cielo y de la tierra,
de todo lo visible y lo invisible.

Creo en un solo Señor, Jesucristo,
Hijo único de Dios,
nacido del padre antes de todos los siglos:
Dios de Dios, Luz de Luz,
Dios verdadero de Dios verdadero,
engendrado, no creado,
de la misma naturaleza del Padre,
por quien todo fue hecho;
que por nosotros, los hombres,
y por nuestra salvación bajó del cielo,
y por obra del Espíritu Santo
se encarnó de María, la Virgen, y se
    hizo hombre;

y por nuestra causa fue crucificado
en tiempos de Poncio Pilato,
padeció y fue sepultado,
y resucitó al tercer día, según las Escrituras,

y subió al cielo, y está sentado
a la derecha del Padre,
y de nuevo vendrá con gloria
para juzgar a vivos y muertos,
y su reino no tendrá fin.

Creo en el Espíritu Santo,
Señor y dador de vida,
que procede del Padre y del Hijo,
que con el Padre y el Hijo
recibe una misma adoración y gloria,
y que habló por los profetas.

Creo en la Iglesia,
    que es una, santa, católica y apostólica.
Confieso que hay un solo bautismo
    para el perdón de los pecados.
Espero la resurrección de los muertos
    y la vida del mundo futuro.
Amén.

Intercesiones Generales o Plegaria Universal

Le pedimos a Dios que escuche nuestras
oraciones por la Iglesia, el mundo, los
necesitados y por nosotros mismos.

Profession of Faith

We stand for the Nicene Creed.

I believe in one God,
the Father almighty,
maker of heaven and earth,
of all things visible and invisible.

I believe in one Lord Jesus Christ,
the Only Begotten Son of God,
born of the Father before all ages.
God from God, Light from Light,
true God from true God,
begotten, not made, consubstantial with the
    Father;
through him all things were made.
For us men and for our salvation
he came down from heaven,
and by the Holy Spirit was incarnate of the
    Virgin Mary,
and became man.

For our sake he was crucified under Pontius
    Pilate,
he suffered death and was buried,
and rose again on the third day
in accordance with the Scriptures.
He ascended into heaven
and is seated at the right hand of the Father.
He will come again in glory
to judge the living and the dead
and his kingdom will have no end.

I believe in the Holy Spirit, the Lord,
    the giver of life,
who proceeds from the Father and the Son,
who with the Father and the Son is adored
    and glorified,
who has spoken through the prophets.

I believe in one, holy, catholic and apostolic Church.
I confess one Baptism for the forgiveness of sins
and I look forward to the resurrection of the dead
and the life of the world to come. Amen.

Prayer of the Faithful

We ask God to hear our prayers for the
Church, for the world, for people
in need, and for ourselves.

Liturgia Eucarística

El pan y el vino se convierten en el Cuerpo y la Sangre de Cristo. Recibimos este preciadísimo don en la Sagrada Comunión.

Preparación de los Dones

Traemos al altar las ofrendas del pan y el vino.

El sacerdote eleva el pan y pronuncia una oración, a veces en voz alta. Respondemos: "Bendito seas por siempre, Señor".

A continuación, eleva el cáliz y pronuncia una oración, a veces en voz alta. Respondemos de la misma manera.

Nos ponemos de pie cuando el sacerdote pronuncia una oración sobre los dones. Le pide a Dios que acepte nuestro sacrificio.

Sacerdote: Oren, hermanos,
para que este sacrificio, mío y
de ustedes,
sea agradable a Dios,
Padre todopoderoso.

Pueblo: El Señor reciba de tus manos
este sacrificio,
para alabanza y gloria de su
nombre,
para nuestro bien
y el de toda su santa Iglesia.

Liturgy of the Eucharist

The bread and the wine become the Body and Blood of Christ. We receive this most precious gift in Holy Communion.

Presentation and Preparation of the Gifts

Gifts of bread and wine are brought to the altar. The priest then prepares the altar.

The priest lifts up the bread and prays a prayer, sometimes aloud. We respond "Blessed be God for ever."

Then he raises the wine and says a prayer, sometimes aloud. We respond the same way.

We stand as the priest prays over the gifts. He asks God to accept our sacrifice.

Priest: Pray, brothers and sisters, that my sacrifice and yours may be acceptable to God, the almighty Father.

People: May the Lord accept the sacrifice at your hands for the praise and glory of his name, for our good and the good of all his holy Church.

Plegaria Eucarística

Esta oración de acción de gracias es el corazón y cumbre de toda la celebración.

Con el *Prefacio,* el sacerdote nos invita a dar gracias a Dios y alabarlo.

Sacerdote: El Señor esté con ustedes.
Pueblo: Y con tu espíritu.

Sacerdote: Levantemos el corazón.
Pueblo: Lo tenemos levantado hacia el Señor.

Sacerdote: Demos gracias al Señor, nuestro Dios.
Pueblo: Es justo y necesario.

El sacerdote continúa orando palabras de gratitud y alabanza. A continuación, todos oramos alabando a Dios, cantando o diciendo el *Sanctus:*

Santo, Santo, Santo es el Señor,
   Dios del universo.
llenos están el cielo y la tierra
   de tu gloria.
Hosanna en el cielo.
Bendito el que viene en nombre del Señor.
Hosanna en el cielo.

Durante la *Consagración,* el sacerdote pronuncia las palabras que Jesús dijo durante la Última Cena. Por medio del Espíritu Santo y de las palabras y acciones del sacerdote, el pan y el vino se convierten en el Cuerpo y la Sangre de Jesucristo.

Eucharistic Prayer

This prayer of thanksgiving is the center and high point of the entire celebration.

In the **Preface,** the priest invites us to stand and give thanks to God.

Priest: The Lord be with you.
People: And with your spirit.

Priest: Lift up your hearts.
People: We lift them up to the Lord.

Priest: Let us give thanks to the Lord our God.
People: It is right and just.

The priest continues praying words of thanks and praise. Then we all pray in praise of God as we sing or say the *Holy, Holy, Holy:*

Holy, Holy, Holy Lord God of hosts.
Heaven and earth are full of your glory.
Hosanna in the highest.
Blessed is he who comes in the name of
 the Lord.
Hosanna in the highest.

We kneel during the **Consecration.** The priest prays the words that Jesus spoke at the Last Supper. Through the power of the Holy Spirit and the words and actions of the priest, the bread and wine become the Body and Blood of Jesus Christ.

Aclamación Memorial

Recordamos todo lo que Jesús ha hecho para salvarnos.

El sacerdote o el diácono nos invita a proclamar el misterio de nuestra fe.

Cantamos o proclamamos esta u otra aclamación:

Anunciamos tu muerte,
proclamamos tu resurrección.
¡Ven, Señor Jesús!

El sacerdote continúa orando las palabras de la Plegaria Eucarística, pidiéndole a Dios que reciba nuestro sacrificio de alabanza. El sacerdote une nuestra oración a la oración de toda la Iglesia. Oramos en silencio mientras escuchamos las palabras de la Plegaria Eucarística.

A continuación, el sacerdote pronuncia la **Doxología final** y el **Gran Amén.** Cuando oramos recitando o cantando el "Gran Amén", estamos diciendo "sí", con fe, a todo lo que hemos orado durante la Plegaria Eucarística.

Sacerdote: Por Cristo, con él y en él,
a ti Dios Padre omnipotente,
en la unidad del Espíritu Santo,
todo honor y toda gloria
por los siglos de los siglos.

Pueblo: Amén.

Mystery of Faith

We remember all that Jesus has done to save us.

The priest or deacon invites us to proclaim the mystery of our faith.

We sing or say aloud this prayer or another:

We proclaim your Death, O Lord, and profess your Resurrection until you come again.

The priest continues to pray the words of the Eucharistic Prayer, asking God to receive our sacrifice of praise. He joins our prayer with the prayers of the whole Church. We pray quietly as we listen to the words of the Eucharistic Prayer.

Then the priest prays the **Concluding Doxology.** We respond Amen. When we pray **Amen,** we are saying yes in faith to all that we have prayed in the Eucharistic Prayer.

Priest: Through him, and with him, and in him,
O God, almighty Father,
in the unity of the Holy Spirit,
all glory and honor is yours,
for ever and ever.

People: Amen.

Rito de la Comunión

Ahora nos preparamos para recibir el Cuerpo y la Sangre de Jesucristo. Oramos para que estemos unidos mutuamente en Cristo.

Nos ponemos de pie y juntos oramos el **Padrenuestro:**

Padre nuestro, que estás en el cielo,
santificado sea tu nombre;
venga a nosotros tu reino;
hágase tu voluntad en la tierra como en el cielo.
Danos hoy nuestro pan de cada día;
perdona nuestras ofensas,
como también nosotros perdonamos
a los que nos ofenden;
no nos dejes caer en la tentación,
y líbranos del mal.

Rito de la paz

Después del Padrenuestro, el sacerdote ora para que estemos unidos mutuamente en la paz de Cristo.

Sacerdote: La paz del Señor esté siempre con ustedes.

Pueblo: Y con tu espíritu.

A continuación, el sacerdote o el diácono nos invita a darnos la paz mutuamente. Damos la paz a quienes están a nuestro alrededor, diciéndoles "La paz sea contigo" o algo similar.

El sacerdote parte la hostia consagrada. Mientras tanto cantamos o recitamos el **Cordero de Dios:**

Cordero de Dios, que quitas el pecado del
      mundo:
ten piedad de nosotros.
Cordero de Dios, que quitas el pecado del
      mundo:
ten piedad de nosotros.
Cordero de Dios, que quitas el pecado del
      mundo:
danos la paz.

Communion Rite

Now we prepare to receive the Body and Blood of Jesus Christ. We pray to be united with one another in Christ.

We stand and pray together

The Lord's Prayer:

Our Father, who art in heaven,
hallowed be thy name;
thy kingdom come,
thy will be done
on earth as it is in heaven.
Give us this day our daily bread,
and forgive us our trespasses,
as we forgive those who trespass
 against us;
and lead us not into temptation,
but deliver us from evil.

Sign of Peace

The priest prays that we will be united with one another in Christ's peace.

Priest: The peace of the Lord be with you always.

People: And with your spirit.

Then the priest or deacon invites us to offer a sign of peace to those around us. We exchange a greeting of peace such as "The peace of the Lord be with you always."

The priest breaks the consecrated host. We all sing or say aloud the **Lamb of God:**

Lamb of God, you take away the sins of
 the world,
have mercy on us.
Lamb of God, you take away the sins of
 the world,
have mercy on us.
Lamb of God, you take away the sins of
 the world,
grant us peace.

La Comunión

Nos arrodillamos. El sacerdote eleva el Cuerpo de Cristo y el cáliz con la Sangre de Cristo, y ora diciendo:

Sacerdote: Éste es el Cordero de Dios, que quita el pecado del mundo.
Dichosos los invitados a la cena del Señor.

Respondemos:

Pueblo: Señor, no soy digno
de que entres en mi casa,
pero una palabra tuya
bastará para sanarme.

El sacerdote recibe la Sagrada Comunión. A continuación, le ofrece el Cuerpo y la Sangre de Jesús al diácono y a los ministros extraordinarios de la Sagrada Comunión.

Recibimos el Cuerpo de Cristo —bajo la especie del pan— en la mano o la lengua. Inclinamos la cabeza.

Sacerdote: El Cuerpo de Cristo.
Pueblo: Amén.

Recibimos la Sangre de Cristo —bajo la especie del vino —. Inclinamos la cabeza.

Sacerdote: La Sangre de Cristo.
Pueblo: Amén.

Después de comulgar, regresamos a nuestro asiento para orar, en silencio, con nuestras propias palabras. Le damos gracias a Jesús por el don de sí mismo en la Eucaristía.

Tras dedicar un rato a la oración personal en silencio, el sacerdote nos invita a ponernos de pie y nos guía en la **Oración después de la Comunión.** Le pedimos a Dios que nos ayude a vivir como Jesús nos pide que vivamos.

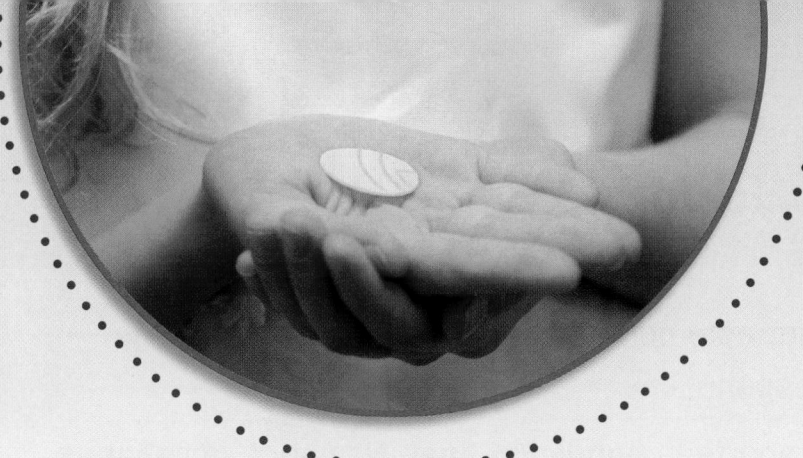

Communion

We kneel. The priest raises the Body of Christ and the chalice with the Blood of Christ and prays:

Priest: Behold the Lamb of God,
behold him who takes away the sins of
   the world.
Blessed are those called to the supper
   of the Lamb.

We respond:

People: Lord, I am not worthy
that you should enter under my roof,
but only say the word
and my soul shall be healed.

The priest receives Holy Communion. Then he offers the Body and Blood of Christ to the deacon and to the extraordinary ministers of Holy Communion.

We receive the Body of Christ—under the form of bread—in our hands or on our tongue. We bow our heads.

Priest: The Body of Christ.
People: Amen.

We receive the Blood of Christ under the form of wine. We bow our heads.

Priest: The Blood of Christ.
People: Amen.

After we receive Holy Communion, we return to our place to pray quietly in our own words. We thank Jesus for the gift of himself in the Eucharist.

After a time of silent prayer, the priest invites us to stand and leads the **Prayer after Communion.** We ask God to help us live as Jesus has called us to live.

Rito de Conclusión

Continuamos de pie y el sacerdote nos invita a orar.

Sacerdote: El Señor esté con ustedes.
Pueblo: Y con tu espíritu.

El sacerdote nos imparte la **bendición final.** Hacemos la señal de la cruz.

Sacerdote: La bendición de Dios todopoderoso, Padre, Hijo y Espíritu Santo, descienda sobre ustedes.
Pueblo: Amén.

A continuación, en la **despedida,** el sacerdote o el diácono nos envía a que amemos y sirvamos al Señor y a nuestros hermanos y hermanas y a continuar la misión que nos ha sido encomendada durante la misa.

Sacerdote o diácono: Pueden ir en paz.
Pueblo: Demos gracias a Dios.

Concluding Rites

We continue standing as the priest invites us to pray.

Priest: The Lord be with you.

People: And with your spirit.

The priest offers the **Final Blessing.** We make the Sign of the Cross.

Priest: May almighty God bless you, the Father, and the Son, and the Holy Spirit.

People: Amen.

In the **Dismissal,** we are sent to glorify the Lord by loving and serving him and one another, to continue the mission given to us at Mass.

Priest or deacon: Go in peace, glorifying the Lord by your life.

People: Thanks be to God.

Recuerdo estas cosas acerca de la Sagrada Comunión

Respeto las siguientes reglas para recibir la Sagrada Comunión

Ayuno durante una hora antes de recibir la Sagrada Comunión. Esto quiere decir que no comeré ni beberé nada, salvo agua y medicinas.

Para poder comulgar, me encuentro en estado de gracia, libre de pecado mortal.

Recibo la Sagrada Comunión tan a menudo como me sea posible.

Participo en la misa los domingos y días de precepto.

Comulgo por lo menos una vez al año, durante la Pascua de Resurrección.

Los días de precepto en los Estados Unidos de América son

- 1º de enero—Santa María, Madre de Dios.

- 40 días después de la Pascua o Séptimo Domingo de Pascua—La Ascensión del Señor.

- 15 de agosto—La Asunción de la Santísima Virgen María.

- 1º de noviembre—Todos los Santos.

- 8 de diciembre—La Inmaculada Concepción de la Santísima Virgen María.

- 25 de diciembre—Natividad de Nuestro Señor Jesucristo.

I Remember These Things About Holy Communion

I Respect These Rules for Receiving Holy Communion

I fast for one hour before receiving Holy Communion. I do not have any food or drink, except water or medicine.

I am in the state of grace, free from mortal sin.

I receive Holy Communion as often as possible.

I participate at Mass on Sundays and on Holy Days of Obligation.

I receive Holy Communion at least once each year during the Easter season.

Holy Days of Obligation in the United States are

- January 1—Mary, the Mother of God

- 40 days after Easter or the Seventh Sunday of Easter— Ascension of the Lord

- August 15—Assumption of the Blessed Virgin Mary

- November 1—All Saints

- December 8—Immaculate Conception of the Blessed Virgin Mary

- December 25—Nativity of the Lord

Comulgo reverentemente

Cuando me ofrecen el Cuerpo y la Sangre de Cristo, inclino un poco la cabeza.

Para recibir en la mano la Sagrada Comunión, extiendo las dos manos con las palmas hacia arriba, colocando mi mano dominante debajo de la otra.

El sacerdote o el ministro extraordinario de la Sagrada Comunión dice: "El Cuerpo de Cristo".

Contesto: "Amén".

Luego de recibir el Cuerpo de Cristo, tomo la hostia consagrada con mi mano dominante y la coloco en mi boca.

Si decido recibir la Sagrada Comunión en la lengua, entonces, después de decir "Amén", cruzo los brazos, abro la boca y extiendo la lengua. Cierro la boca una vez que han depositado el Cuerpo de Cristo sobre mi lengua.

El sacerdote o el ministro extraordinario de la Sagrada Comunión ofrece el cáliz con la Sangre de Cristo y dice: "La Sangre de Cristo".

Contesto: "Amén".

A continuación, tomo con mis propias manos el cáliz con la Sangre de Cristo. Bebo un poco del vino consagrado y devuelvo el cáliz.

Después de recibir la Sagrada Comunión, regreso a mi lugar y hago oración.

I Receive Holy Communion with Reverence

When the Body and Blood of Christ are offered to me, I bow.

To receive Holy Communion in my hands, I extend my hands with my palms facing up, dominant hand below the other hand.

The priest or the extraordinary minister of Holy Communion says "The Body of Christ."

I reply "Amen."

After receiving the Body of Christ, I pick it up with my dominant hand and place it in my mouth.

If I choose to receive Holy Communion on my tongue, then after I say "Amen," I fold my hands, open my mouth, and extend my tongue. After the Body of Christ has been placed on my tongue, I close my mouth.

The priest or extraordinary minister of Holy Communion offers the chalice and says "The Blood of Christ."

I reply "Amen."

I then take the chalice in my own hands. I sip a small amount of the Blood of Christ and then return the chalice.

After receiving Holy Communion, I return to my place in church and pray.

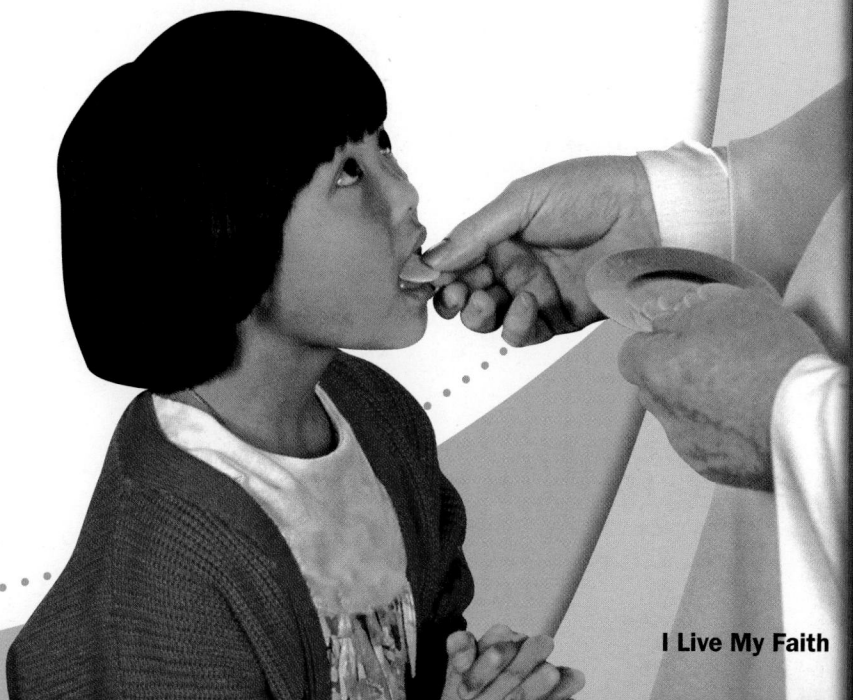

Recito estas oraciones

La señal de la cruz

En el nombre del Padre,
del Hijo, y del Espíritu Santo.
Amén.

Padrenuestro

Padre nuestro, que estás en el cielo,
santificado sea tu nombre;
venga a nosotros tu reino;
hágase tu voluntad en la tierra
    como en el cielo.
Danos hoy nuestro pan de cada día;
perdona nuestras ofensas,
como también nosotros perdonamos
a los que nos ofenden;
no nos dejes caer en la tentación,
y líbranos del mal.
Amén.

Gloria al Padre

Gloria al Padre,
y al Hijo,
y al Espíritu Santo.
Como era en el principio,
ahora y siempre,
por los siglos de los siglos.
Amén.

Avemaría

Dios te salve, María; llena eres de gracia,
el Señor es contigo;
bendita tú eres entre todas las mujeres,
y bendito es el fruto de tu vientre, Jesús.
Santa María, madre de Dios,
ruega por nosotros, pecadores,
ahora y en la hora de nuestra muerte.
Amén.

I Pray These Prayers

Sign of the Cross

In the name of the Father,
and of the Son,
and of the Holy Spirit. Amen.

The Lord's Prayer

Our Father, who art in heaven,
hallowed be thy name;
thy kingdom come,
thy will be done
on earth as it is in heaven.
Give us this day our daily bread,
and forgive us our trespasses,
as we forgive those who trespass
  against us;
and lead us not into temptation,
but deliver us from evil.
Amen.

Glory Be to the Father

Glory be to the Father,
and to the Son,
and to the Holy Spirit.
As it was in the beginning,
is now, and ever shall be,
world without end. Amen.

Hail Mary

Hail Mary, full of grace,
the Lord is with you.
Blessed are you among women,
and blessed is the fruit of your
  womb, Jesus.
Holy Mary, Mother of God,
pray for us sinners,
now and at the hour
  of our death.
Amen.

Credo de los Apóstoles

Creo en Dios,
   Padre Todopoderoso,
   Creador del cielo y de la tierra.
Creo en Jesucristo, su único Hijo,
   Nuestro Señor,
que fue concebido por obra y
   gracia del Espíritu Santo,
   nació de Santa María Virgen,
padeció bajo el poder de Poncio Pilato
   fue crucificado,
   muerto y sepultado,
descendió a los infiernos,
   al tercer día resucitó de entre
   los muertos,
   subió a los cielos
   y está sentado a la derecha
   de Dios, Padre todopoderoso.
   Desde allí ha de venir a
   juzgar a vivos y muertos.

Creo en el Espíritu Santo,
la santa Iglesia católica,
   la comunión de los santos,
el perdón de los pecados,
   la resurrección de la carne
   y la vida eterna. Amén.

Oración para bendecir los alimentos

Bendícenos Señor, y bendice estos alimentos
que vamos a recibir de tu generosidad.
Tú que vives y reinas por los siglos de los siglos.
Amén.

Oración para después de los alimentos

Te damos gracias Señor,
Dios todopoderoso,
por los dones recibidos;
a ti que vives y reinas,
por los siglos de los siglos.
Amén.

Oración de la mañana

Dios y Padre nuestro,
te ofrezco todos mis pensamientos y palabras
de este día.
Los uno a lo que nuestro Señor Jesucristo,
tu Hijo, hizo sobre la tierra.
Amén.

Apostles' Creed

I believe in God,
the Father almighty,
Creator of heaven and earth,
and in Jesus Christ, his only Son, our Lord,
who was conceived by the Holy Spirit,
born of the Virgin Mary,
suffered under Pontius Pilate,
was crucified, died and was buried;
he descended into hell;
on the third day he rose again from the
   dead;
he ascended into heaven,
and is seated at the right hand of God the
   Father almighty;
from there he will come to judge the living
   and the dead.

I believe in the Holy Spirit,
the holy catholic Church,
the communion of saints,
the forgiveness of sins,
the resurrection of the body,
and life everlasting. Amen.

Prayer Before Meals

Bless us, O Lord, and these your gifts
which we are about to receive from your
   goodness.
Through Christ our Lord.
Amen.

Prayer After Meals

We give you thanks
for all your gifts,
almighty God,
living and reigning
now and for ever.
Amen.

Morning Prayer

God, our Father,
I offer you today
all that I think and do and say.
I offer it with what was done
   on earth
by Jesus Christ, your Son.
Amen.

Veo estas personas y cosas durante la misa

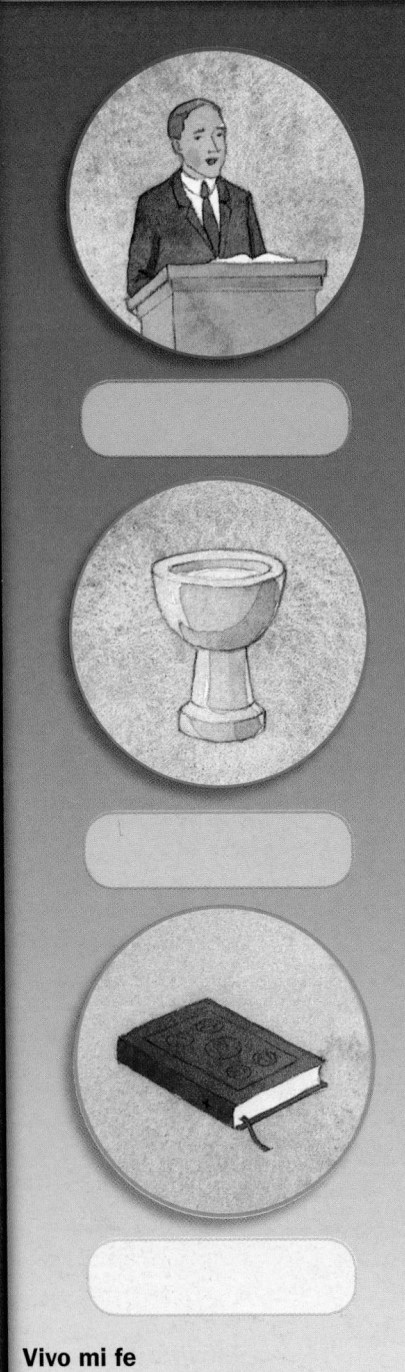

Esta es una actividad de calcomanías para ti. Tu catequista te guiará.

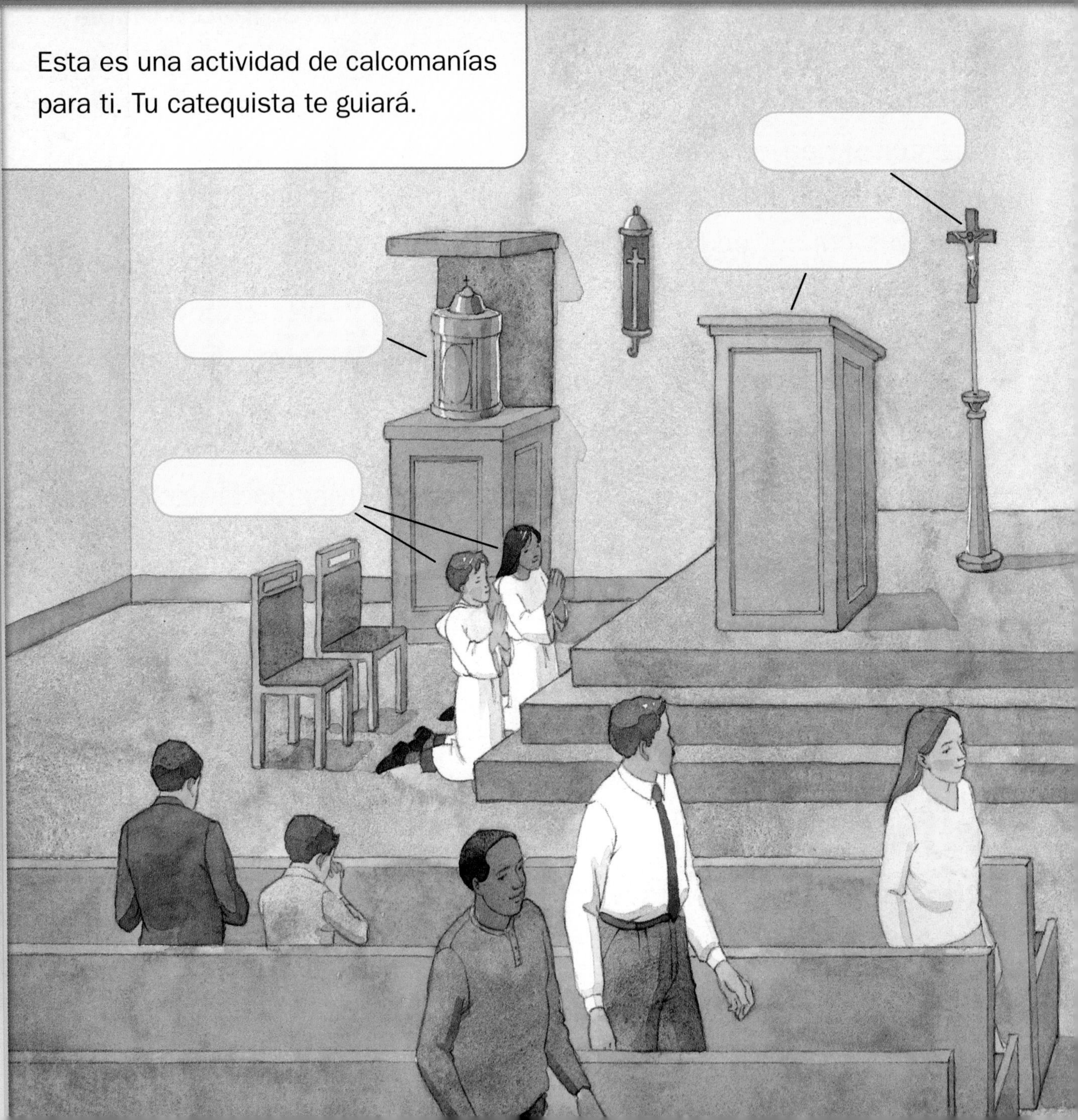

I See These People and Things at Mass

Here is a sticker activity for you.
Your catechist will guide you.

Conozco estas palabras

Trinidad / Trinity

Capítulo 1

Bautismo [Baptism] sacramento que nos libera del pecado original y que nos da una nueva vida en Jesucristo, por medio del Espíritu Santo. El *Bautismo* es el primero de los tres sacramentos de iniciación, mediante los cuales nos convertimos en miembros plenos de la Iglesia. Los otros dos sacramentos de iniciación son la Confirmación y la Eucaristía.

Confirmación [Confirmation] sacramento que completa la gracia que recibimos en nuestro Bautismo. La *Confirmación* es el sacramento de iniciación mediante el cual nos fortalecemos en la fe. Los otros dos sacramentos de iniciación son el Bautismo y la Eucaristía.

Eucaristía [Eucharist] sacramento durante el cual el Cuerpo y la Sangre de Cristo se hacen presentes bajo las especies del pan y el vino. La *Eucaristía* es el sacramento de iniciación mediante el cual alabamos y damos gracias a Dios por habernos dado a Jesucristo. Los otros dos sacramentos de iniciación son el Bautismo y la Confirmación.

misa [Mass] la manera más importante con la que oramos a Dios. Durante la *misa* escuchamos la Palabra de Dios y recibimos a Jesús en la Sagrada Comunión.

Sagrada Comunión [Holy Communion] el pan y el vino consagrados que recibimos en la misa. En la *Sagrada Comunión* recibimos el Cuerpo y la Sangre de Cristo.

Trinidad [Trinity] el misterio de un solo Dios, que existe en tres Personas. Dios Padre, Dios Hijo y Dios Espíritu Santo son la Santísima *Trinidad*.

I Know These Words

Chapter 1

Baptism [Bautismo] the sacrament that frees us from original sin and gives us new life in Jesus Christ through the Holy Spirit. *Baptism* is the first of the three Sacraments of Initiation by which we become full members of the Church. The other two Sacraments of Initiation are Confirmation and the Eucharist.

Confirmation [Confirmación] the sacrament that completes the grace we receive in Baptism. *Confirmation* is the Sacrament of Initiation in which we are made stronger in our faith. The other two Sacraments of Initiation are Baptism and the Eucharist.

Eucharist [Eucaristía] the sacrament in which the Body and Blood of Christ is made present under the form of bread and wine. The *Eucharist* is the Sacrament of Initiation in which we give praise and thanks to God for giving us Jesus Christ. The other two Sacraments of Initiation are Baptism and Confirmation.

Holy Communion [Sagrada Comunión] the consecrated bread and wine that we receive at Mass. In *Holy Communion,* we receive the Body and Blood of Christ.

Mass [misa] our most important way of praying to God. At *Mass,* we listen to God's Word and receive Jesus Christ in Holy Communion.

Trinity [Trinidad] the mystery of one God existing in three Persons. God the Father, God the Son, and God the Holy Spirit are the *Trinity.*

Eucaristía / Eucharist

Capítulo 2

altar [altar] la mesa en la iglesia sobre la que el sacerdote celebra la misa. El pan y el vino se ofrecen a Dios sobre el *altar* para que se conviertan en el Cuerpo y la Sangre de Cristo.

lector [lector] la persona que proclama la Palabra de Dios durante la misa. En la misa escuchamos al *lector* leer del Antiguo y Nuevo Testamentos.

altar / altar

Capítulo 3

misericordia [mercy] bondad y perdón que se ofrece a alguien. Cuando pecamos, le pedimos a Dios su *misericordia*.

Capítulo 4

Antiguo Testamento [Old Testament] la primera parte de la Biblia. En el *Antiguo Testamento* leemos la historia del plan salvífico de Dios para toda la humanidad.

Credo [Creed] un breve resumen de lo que cree la gente. El *Credo* de los Apóstoles es un resumen de las creencias cristianas.

Evangelio [Gospel] buena noticia del amor de Dios por nosotros. En los *Evangelios* de Mateo, Marcos, Lucas y Juan aprendemos la historia de la vida, muerte, Resurrección y ascensión de Jesús.

homilía [homily] una explicación de la Palabra de Dios. Una *homilía* explica cómo vivir según el mensaje que escuchamos en las lecturas de la misa.

Chapter 2

altar [altar] the table in the church on which the priest celebrates Mass. On the *altar,* the bread and wine are offered to God to become the Body and Blood of Jesus Christ.

lector [lector] the person who proclaims the Word of God at Mass. At Mass, we listen to the *lector* read from the Old and New Testaments.

Chapter 3

mercy [misericordia] kindness and forgiveness offered to another. When we sin, we ask for God's *mercy.*

Chapter 4

misericordia / mercy

Creed [Credo] a summary of what people believe. The Apostles' *Creed* is a summary of Christian beliefs.

Gospel [Evangelio] the Good News of God's love for us. In the *Gospels* of Matthew, Mark, Luke, and John, we learn the story of Jesus' life, Death, Resurrection, and Ascension.

Homily [homilía] an explanation of God's Word. A *Homily* explains how to live according to the message we hear in the readings at Mass.

New Testament [Nuevo Testamento] the second part of the Bible. In the *New Testament,* we read the story of Jesus and the early Church.

Evangelios / Gospels

Nuevo Testamento [New Testament] la segunda parte de la Biblia. En el *Nuevo Testamento* leemos la historia de Jesús y de la Iglesia primitiva.

Sagrada Escritura [Sacred Scripture] la colección de las escrituras sagradas de los judíos y cristianos, reunidas en el Antiguo y Nuevo Testamentos de la Biblia. Durante la misa, escuchamos la palabra de Dios proclamada en la *Sagrada Escritura.*

salmo [psalm] una oración en forma de poema. Existen 150 *salmos* en el libro de los Salmos, del Antiguo Testamento.

bendición [blessing] oración con la que pedimos que el poder y el amor de Dios descienda sobre una persona, lugar, objeto o actividad especial. Al finalizar la misa, el sacerdote nos da una *bendición* y nos dice que vayamos en paz.

sacrificio [sacrifice] un regalo que se ofrece a Dios para darle gracias. La muerte de Jesús en la cruz fue el *sacrificio* más grande.

Última Cena [Last Supper] la última comida que Jesús compartió con sus discípulos la noche antes de morir. Cada misa es una conmemoración de la *Última Cena.*

Plegaria Eucarística [Eucharistic Prayer] parte central de la misa en que el sacrificio de Jesús se hace presente nuevamente mediante las palabras y acciones del sacerdote. Durante la misa, la *Plegaria Eucarística* es nuestra oración de acción de gracias.

Consagración [Consecration] el pan y el vino se convierten en el Cuerpo y la Sangre de Cristo, por el poder del Espíritu Santo y las palabras y acciones del sacerdote. La *consagración* es parte de la Plegaria Eucarística.

Old Testament [Antiguo Testamento] the first part of the Bible. In the *Old Testament,* we read the story of how God prepared the people for the coming of Jesus.

psalm [salmo] a prayer in the form of a poem. There are 150 *psalms* in the Old Testament Book of Psalms.

Sacred Scripture [Sagrada Escritura] the holy writings of Jews and Christians collected in the Old and New Testaments of the Bible. At Mass, we hear God's Word proclaimed from *Sacred Scripture.*

Chapter 5

blessing [bendición] a prayer that calls for God's power and care upon some person, place, thing, or activity. At the end of Mass, the priest gives us a *blessing* and tells us to go in peace.

sacrifice [sacrificio] a gift given to God to give him thanks. Jesus' death on the cross was the greatest *sacrifice.*

Chapter 6

consecration [Consagración] the bread and wine become the Body and Blood of Christ by the power of the Holy Spirit and the words and actions of the priest. The *consecration* is part of the Eucharistic Prayer.

Eucharistic Prayer [Plegaria Eucarística] the central part of the Mass when the sacrifice of Jesus is made present again through the words and actions of the priest. At Mass, the *Eucharistic Prayer* is our prayer of thanksgiving.

Last Supper [Última Cena] the last meal Jesus ate with his disciples on the night before he died. Every Mass is a remembrance of the *Last Supper.*

Capítulo 7

cáliz [chalice] la copa que se usa para la consagración del vino durante la misa. Bebo del *cáliz* cuando recibo la Sangre de Cristo en la Sagrada Comunión.

hostia [host] el pan sin levadura que usamos en la misa. Las *hostias* consagradas se reservan en el sagrario o tabernáculo.

Otras palabras que deberías saber

Biblia [Bible] la historia escrita de la promesa de Dios de cuidar de nosotros, especialmente mediante su Hijo, Jesús. Escuchamos lecturas de la *Biblia* durante la misa.

gracia [grace] don que Dios nos ha dado sin merecerlo. La *gracia* santificante nos llena de la vida divina y nos hace sus amigos.

sacramento [sacrament] una de las siete formas mediante las cuales la vida de Dios, por la acción del Espíritu Santo, se hace presente en nuestra propia vida. Los siete *sacramentos* son: el Bautismo, la Confirmación, la Eucaristía, la Reconciliación, la Unción de Enfermos, el Orden Sacerdotal y el Matrimonio.

sacramentos de iniciación [Sacraments of Initiation] los tres sacramentos que nos hacen miembros plenos de la Iglesia. Los *sacramentos de iniciación* son el Bautismo, que nos libera del pecado original; la Confirmación, que nos fortalece en la fe; y la Eucaristía, en la que recibimos el Cuerpo y la Sangre de Cristo.

cáliz / chalice

Chapter 7

hostias / hosts

chalice [cáliz] the cup used for the consecration of wine at Mass. I drink from the *chalice* when I receive the Blood of Christ in Holy Communion.

host [hostia] the unleavened bread used at Mass. Consecrated *hosts* are kept in the tabernacle.

Other Words You Should Know

Bible [Biblia] the written story of God's promise to care for us, especially through his Son, Jesus. We listen to readings from the *Bible* at Mass.

grace [gracia] the gift of God given to us without our earning it. *Grace* fills us with God's life and makes us his friends.

sacrament [sacramento] one of seven ways through which God's life enters our lives by the power of the Holy Spirit. The seven *sacraments* are Baptism, Confirmation, Eucharist, Reconciliation, Anointing of the Sick, Holy Orders, and Matrimony.

Sacraments of Initiation [sacramentos de iniciación] the three sacraments that make us full members of the Church. The *Sacraments of Initiation* are Baptism, which frees us from original sin; Confirmation, which strengthens our faith; and the Eucharist, in which we receive the Body and Blood of Christ.

Índice temático

Continúa en la página 104

Index

Continued on page 104

Índice bíblico

Antiguo Testamento

Nuevo Testamento

Scripture Index

Old Testament

New Testament

Créditos artísticos/Art Credits

Todas las ilustraciones de las mariposas son obra de/All butterfly art by Kathryn Seckman Kirsch

Créditos fotográficos/Photography Credits:

En las páginas con varias ilustraciones, los reconocimientos artísticos están enumerados de izquierda a derecha, y de arriba a abajo. Las páginas "A" indican las páginas de la izquierda, mientras que las páginas "B" las de la derecha.

On pages with multiple images, credits are listed left to right, top to bottom. "A" page numbers indicate left pages, "B" page numbers indicate right pages.

Introducción/Front Matter
v(a) Phil Martin Photography
v–vi(notas musicales/musical notes) iStockphoto.com/ Scott Dunlap

Capítulo 1/Chapter 1
1 Edgardo Contreras/Getty Images
2–3 Anna Leplar
5(a) iStockphoto.com/Michael Tupy
5(b) Phil Martin Photography
6(a) Myrleen Ferguson Cate/Photo Edit
6(b) iStockphoto.com/Alejandro Raymond
6(b) Phil Martin Photography
7(reloj/watch, tijeras/scissors) iStockphoto.com/ Miguel Angel
7(puerta/door) iStockphoto.com/Kathy Konkle
8(a) Baptism, the Aguilar family. The Girard Foundation Collection. The Museum of International Folk Art, Santa Fe, New Mexico. Photo by Michael Monteaux.
8–9(músicos/musicians) Guillermina Aguilar
10 Phil Martin Photography

Capítulo 2/Chapter 2
12–13 Anna Leplar
14(b) iStockphoto.com/John Archer
15 Mia Basile
16(notas musicales/musical notes) iStockphoto.com/ Nicholas Monu
16(a) Tony Freeman/Photo Edit
16(b) Phil Martin Photography
17(1,2,3) Matt Bozik
17(4) Phil Martin Photography
17(5) Jaimie D. Travis/Getty Images
18(a) iStockphoto.com/Dale Hogan
20(a) iStockphoto.com/Andres Balcazar

Capítulo 3/Chapter 3
21 Steven Puetzer/Getty Images
22–23 Anna Leplar
25(a) Jupiter Images
25(b) Phil Martin Photography

27(sacando lengua/frowning) iStockphoto.com/Jan Tyler
27(plantando/planting) iStockphoto.com/Carmen Martínez Banús
27(caminando/walking) iStockphoto.com/Alex Slobodkin
28–29(corazones/hearts) Judine O'Shea
29(b) Phil Martin Photography
30(b) Phil Martin Photography

Capítulo 4/Chapter 4
32–33 Anna Leplar
34(a) Getty Images/altrendo images
34(b) Phil Martin Photography
35(b) Myrleen Ferguson Cate/Photo Edit
36(corazones/hearts) iStockphoto.com/Loon Yik Herng
36(b) iStockphoto.com/Bulent Ince
38–39(ilustraciones/illustrations) Joy Allen

Capítulo 5/Chapter 5
42–43 Anna Leplar
44(brazo/arm) Jupiter Images
44(canasto/basket) iStockphoto.com/Aldra
44(sacerdote y familia/priest and family) Myrleen Ferguson Cate/Photo Edit
46(a) iStockphoto.com/Glenda Powers
47 Joy Allen
48(b) iStockphoto.com/Gabor Izso
49(ilustraciones/illustrations) iStockphoto.com/ Achim Prill

Capítulo 6/Chapter 6
52–53 Anna Leplar
55(a) iStockphoto.com/Bonnie Jacobs
56(cáliz/chalice) Kathryn Seckman Kirsch
57(b) iStockphoto.com/Debbie Hanford
58(b) iStockphoto.com/Kristian Peetz
60 Jupiter Images

Capítulo 7/Chapter 7
62–63 Anna Leplar
64(a) Phil Martin Photography
64(b) P. Deliss/Godong/CORBIS
65(a) Phil Martin Photography
65(b) iStockphoto.com/H. Tuller
65(b) The Crosiers/Gene Plaisted OSC
66(cáliz/chalice) iStockphoto.com/Jim Jurica
66(b) W. P. Wittman Limited
66(b) Alamy/Goss Images
67(a) Jupiter Images
68–69 Joy Allen
70(a) iStockphoto.com/Bonnie Jacobs

Capítulo 8/Chapter 8
72–73 Anna Leplar
74(globo terráqueo/globe) iStockphoto.com/ Edward Grajeda
75(a) Myrleen Ferguson Cate/Photo Edit
75(a) iStockphoto.com/Alejandro Raymond
75(b) Myrleen Ferguson Cate/Photo Edit

76(a) iStockphoto.com/Cliff Parnell
76(a) Susan Tolonen
76(b) W. P. Wittman Limited
77 Joy Allen
78(a) iStockphoto.com/Andreas Reh
78(b) Jupiter Images
79(a) Jupiter Images
80(a) Lisa Romere/Getty Images

Vivo mi fe/I Live My Faith
81(a) iStockphoto.com/Alina Solovyova-Vincent
82(a) Phil Martin Photography
83 Phil Martin Photography
84 The Crosiers/Gene Plaisted OSC
85(a) Joy Allen
85(b) Phil Martin Photography
86(a) Alamy/ArkReligion.com
86(b) Phil Martin Photography
87(a) iStockphoto.com/Stefanie Timmermann
88(a) Phil Martin Photography
89(a) Phil Martin Photography
90 Myrleen Ferguson Cate/Photo Edit
91(b) Phil Martin Photography
93(a) Phil Martin Photography
93(b) Michael Newman/Photo Edit
94(a) Jupiter Images
94(b) iStockphoto.com/Julie de Leseleuc
95(a) Susan Tolonen
95(b) Myrleen Ferguson Cate/Photo Edit
96 The Crosiers/Gene Plaisted OSC
98 Phyllis Pollema-Cahill

Conozco estas palabras/ I Know These Words
99–102 Susan Tolonen

Las fotos y las ilustraciones no mencionadas anteriormente son, bien propiedad de Loyola Press, bien de recursos libres de derechos de autor como Agnus, Alamy, Constock, Corbis, Creatas, Fotosearch, Getty Images, Imagestate, iStockphoto.com, Jupiter Images, Punchstock, Rubberball y Veer. Loyola Press ha hecho todos los intentos posibles por localizar a los propietarios de los derechos de autor de las obras citadas en el presente trabajo a fin de hacer un reconocimiento pleno de la autoría de su trabajo. En caso de alguna omisión, Loyola Press se complacerá en reconocer el crédito en las ediciones futuras.

Photos and illustrations not acknowledged above are either owned by Loyola Press or from royalty–free sources including, but not limited to: Agnus, Alamy, Comstock, Corbis, Creatas, Fotosearch, Getty Images, Imagestate, iStockphoto.com, Jupiter Images, Punchstock, Rubberball, and Veer. Loyola Press has made every effort to locate the copyright holders for the cited works used in this publication and to make full acknowledgment for their use. In the case of any omissions, the Publisher will be pleased to make suitable acknowledgments in future editions.